ヤクザの散り際
歴史に名を刻む40人

山 平 重 樹

幻冬舎アウトロー文庫

ヤクザの散り際

歴史に名を刻む40人

目次

掲載は没年月の順番、肩書きは当時のものにいたしました。

No.1

浅野大助【代官町一派首領】

不死身の首領、7発の銃弾に死す

勢力争い、愚連隊のボス、死す

昭和35年8月18日深夜1時45分ごろ、1台のルノーが名古屋市坂下町1丁目のアパート「いこい荘」前の道路に停まった。

ルノーに乗っていたのは、稲葉地一家の若者3人で、1人が28歳、あとの2人が30歳だった。3人は兄弟分という間柄であった。

「いこい荘」は瀟洒《しょうしゃ》な2階建てのアパートで、そのシャレた外観は周囲でも目を引いた。

「兄弟、大《だい》さあは間違いなくここにいるんだな」

後部座席に座る黒眼鏡が、助手席の男に声をかけた。

「ああ、間違いない。1階の左側一番手前の部屋だ。19の情婦《スケ》のために借りてやってるアパートだからな。いまごろはそのスケとお寝んね中だでな。いい夢見てるでよ」

と、助手席の男が応え、懐のブローニングを握り締めた。この男が、今度の実行役で、あとの2人がいわば見届け役であった。

「じゃあ、行ってくる」

助手席のドアを開けて、28歳の刺客がルノーから降り立った。

「気をつけてな」

車に残る2人の声を背に、男の姿はアパートの中へと吸い込まれていく。

「いこい荘」の玄関を入ると、1階の廊下の両側に4室ずつ8室の部屋が並び、奥に向かって左側一番手前の1号室が、刺客の目当ての部屋だった。

「大《だい》さあ」こと浅野大助というヤクザの親分の情婦の部屋である。

浅野大助は地元紙でも、

「子分約150人という愛知県下でもナンバーワンの愚連隊勢力を擁する〝代官町一派〟の首領。県下のいわゆる暴力団は約2百団体、3千人で、そのうち大物は12〜13

団体で、代官町一派もその1つだった」

と評されるほどの大物であった。〝代官町一派〟とは、居住する名古屋の街の名からきていた。

刺客はその部屋の前に立ち、ドアをノックした。

反応がないので、もう一度、今度は強くノックすると、起きてくる気配があった。

「どなたですか……？」

眠たげな不機嫌そうな女の声がして、ドアが少し開いた。

刺客はその瞬間を逃さず、ドアを手で押さえ、女をはねのけるようにして玄関から飛び込んでいった。女は息を呑み、声も出なかった。いきなり闖入者から拳銃を突きつけられたからだった。

奥の部屋の薄明かりの下に布団が敷かれ、そこに人影があった。寝巻き姿で半身を起こし、こちらに鋭く目を向けてくる姿。

紛れもなく、刺客のターゲット、浅野大助その人であった。

すぐ間近まで近づくと、刺客が、

「大さあ、命をもらうぞ！」

と叫んだ。

「誰だ!? おまえは！」

浅野が誰何《すいか》した後で、その手を懐に伸ばした。

刺客は夢中でブローニングの引き金を引いた。「パーン！ パーン！ パーン……！」

両手で拳銃を構え、しっかりと腰をおろし、的に狙いを定め、憑かれたように打ち続けた。

刺客が撃ち込んだ7発の銃弾は、浅野の頭、顔、胸、腹、太股など、その身体に悉く《ことごと》命中、1発の外れもなかった。浅野は即死状態で息絶えた。〝中京七人衆〟といわれ、「代官町の大さあ」の愛称で名古屋にその人ありと謳われた浅野大助は、47年の波瀾の生涯を閉じたのだった。

刺客はその足で中警察署へ赴き、

「たったいま、浅野大助を殺してきた」

と、ブローニング拳銃を持って自首した。

彼は警察の取り調べに対し、

「5日ほど前、中区広小路通りで女と2人連れで歩く浅野さんを見かけ、『大さあ、こんばんは』と挨拶したところ、『若いのに生意気なヤツだ』と殴られた。それに憤慨し、仕返しするために今回の挙に出た」

と自供したが、むろんそれは真相からは程遠いものだった。

千種署の見解は、

「被害者の浅野さんがセントラル新聞社の名で白タクを営業しており、パチンコ店の用心棒、いかがわしい写真や興行などをやる新興暴力団の親分であり、男が単に個人的な恨みで殺したという供述には疑問がある」

というもので、

「背後に勢力争いがあるのではないか」

と見ていた。

地元紙はこう報じている——。

《浅野さんは傷害、恐喝、賭博などの犯歴が10回ほどあり、32年には豊橋市内の三虎一家の襲名披露へ〝招待がなかった〟と、子分数人が猟銃や日本刀を持って三虎一家へ殴り込みをかけたこともある。33年には兄弟分を助けに福井へ殴り込みをかけようとしたこともあり、同年11月には名古屋の今池付近の愚連隊と代官町一派がパチンコの景品買いで対立を続けたことなど事件が絶えなかった。

県警捜査二課では、被害者が代官町一派の首領であったのに対し、加害者は別の流れを汲むN社一派に属するもので、事件のきっかけとしては女の面前で被害者が（刺客の）柴山を殴ったというささいなものではあるが、その底には両者が反目し合う長い〝鬱積〟があったのではないかともいっている》

本多会の盃を受け抗争拡大が懸念——

実は浅野大助が命を狙われ、銃撃され被弾したのは、今回が初めてではなかった。まだ戦後間もない時分、名古屋の名楽園（中村遊郭）で遊んでいたとき、いきなり2人組の男に襲われ、撃たれたことがあったのだ。

浅野を襲撃したのは、やはり地元の稲葉地一家の若者2人であった。1人は後に稲葉地一家六代目を継承することになる伊藤信男で、伊藤はこのとき26歳、もう1人は問屋町派の20歳の若者だった。

2人が襲撃を思いたったのは、たまたま東京から客を迎え、名楽園へ案内中の折、浅野大助も同遊郭へ遊びにきているということを耳にしたからだった。

「何？　浅野の大さあがここへ来とるって？」

「よし、殺ったろう！」

彼らがかねてから狙っている相手であった。ともに血気盛んな時分である。

伊藤は懐中深く収めていた拳銃を握りしめ、相棒は東京の客が持参していた日本刀を借り受けた。

2人は浅野が遊ぶ妓楼を探しあてるや、

「大さあ、覚悟！」

伊藤が真っ先に部屋に駆け込み、連れも後に続いた。

「パーン！　パーン！……」

伊藤が浅野めがけて放った銃弾は5発、破裂音が部屋に響き渡った。

20歳の若者も遅れじと、浅野の背中に日本刀を振り下ろした。

「……お、おのれら……」

言葉を発する間もなく、浅野は布団の上に倒れ、血の海に沈んだ。

確かな手応えを感じた2人は、すぐにその場を引き上げた。

だが、病院へかつぎこまれた浅野は、死ななかった。どうにか一命を取り留め、意識を取り戻した。

「親父さんは不死身ですね」

その凄まじい不死身ぶりに、浅野の側近たちは畏敬の念とともに、驚きの声を漏らした。

「バカヤロー、こんなことでくたばってたまるか」

浅野は不敵に笑って応えたものだった。

だが、その不死身ぶりも今度ばかりは通用しなかったのだ。

事件前に、浅野は神戸の本多会本多仁介会長の盃を受けて本多会一門になっており、マスコミが報じるような一介の愚連隊の身ではなくなっていた。

となると、浅野が射殺されたことで、本多会の報復は必至で、抗争の拡大も懸念された。

が、本多仁介は黒ぶた（五分）の手打ちに応じ、

「立派な葬式を出したってくれ」

という以外の条件を出さず、仲裁人となった名古屋の親分衆を感動させたという話も残っている。

No.2

陳八芳【東声会幹部】

不良少年のカリスマとともに散った心やさしき兄貴分

真夜中の歌舞伎町。短銃乱射事件

東声会幹部の陳八芳は、昭和36年10月31日の夜、新宿歌舞伎町の地下2階の深夜バー「スワン」で酒を飲んでいた。

配下1人を従え、店の奥で静かに飲んでいたのだが、なぜかさっきから胸騒ぎがしてならなかった。腕時計を見ると、すでに午前3時近くになっていた。

つい1時間ほど前、身内の連中がこの「スワン」の近くで、港会の新宿一門である福岡幸男と揉め一触即発になったという話も、舎弟の三木恢《ひろむ》から聞いていた。それをなんとか取りなして収め、福岡も納得して引きあげたという。

「なあに、心配いりませんよ、兄貴。福岡とは知らない仲じゃない。ヤツとは明日もう一度、話をしますから」

と三木は「スワン」に戻ってくるなり、陳に報告したものだった。

その後も、三木は陳とともに「スワン」に居続けたのだが、先ほどブラっと店を出ていった。近くの深夜喫茶「オスロー」に用事があるのだという。

陳がその背に、

「おい、三木、気をつけろよ」

と、めったに言わないような言葉をかけた。虫の知らせというのではなかったが、何か気にかかることがあったのかも知れない。

「兄貴、すぐに戻ってきますから、もう少しここにいてください」

三木も笑って応えたものだ。いつもの人懐っこい笑顔だった。それが陳が見た三木の生きた最後の姿となった。

三木を待つ間も、何やらわからぬ胸騒ぎは陳のなかで大きくなる一方だった。

「……どうにも気になるな……」

グラスを手に、陳がひとりごちたとき、表の地上からの騒然とした気配が「スワン」にも伝わってくる感があった。

店内に流れる音楽のせいで、はっきりとはわからないにせよ、「バーン！」という銃声と思しき音も聞こえてきたような気がした。

続いて外の階段からも、人間が転がり落ちるような大きな音が、今度ははっきりと聞こえてきた。

「何だ……？」

陳が立ち上がったのと、店の入口ドアがバーンと勢いよく開け放たれたのとが同時だった。

店に飛び込んできたのは2人組であった。1人は揉めた相手である当の福岡、もう1人がやはり港会新宿一統の男だった。

2人の手に握られた拳銃を見たとき、陳は瞬時にすべてを覚っていた。

〈ああ、こいつら、三木を殺ったな！〉

陳の直感通り、2人はたったいま、「オスロー」前で三木を射殺してきたばかりであった。

2人のヒットマンの乱入に、店内から悲鳴があがった。

福岡が、凝然と立ち尽くす陳のすぐ目の前まで近づくや、ヌッと拳銃を突き出した。

「何だ、お前ら……」

言おうとして、陳は横腹に激しい衝撃を受けた。福岡が放った銃弾をもろに被弾したのだった。

「うっ……」とうめいて、陳が福岡の方にゆっくりと前屈みに倒れ込んでいく。

福岡はさらに容赦しなかった。自分の方に倒れ込んでくる陳の頭を、拳銃の台尻で思いきり殴りつけ、後頭骨を吹っ飛ばしたのだ。

たまらず陳はもんどりうって床に倒れた。

薄れいく意識のなかで、陳が目にしたのは、階段に向かって逃走する福岡の後ろ姿だった。

「……三……木……」

陳は声を振り絞って舎弟の名を呼んだが、それは声にならなかった。

旧勢力から狙われたイケイケの不良集団

当時、三木恢率いる三声会は、新宿歌舞伎町を本拠に配下3百から5百人と言われ、飛ぶ鳥を落とす勢いの不良グループであった。

23歳の三木を会長として、会員のほとんどが20歳前後のハイティーンヤクザの集まり、アプレゲール（戦後）ヤクザの典型と言ってよい。

三声会にはヤクザ社会の伝統もルールも関係なく、盃も仁義も無用、指詰めや刺青など愚の骨頂として禁止し、来る者は拒まず、去る者は追わず——の方針だった。

三声会の名は、三木の兄貴分・陳八芳が所属する東声会と三木の名を冠して付けられたものであった。

前身を町井一家とする東声会は、昭和32年、会長の町井久之によって結成された組織である。銀座を中心に東京一帯に勢力を伸ばし、見る間に膨れあがった武闘派ヤクザ組織だった。

この東声会幹部で新宿地区最高責任者であった陳八芳は、台湾の出身。幼少のころに日本に移り住み、大学へと進んだ。

中国拳法の達人でもある陳は、最初は新宿の華僑社会の用心棒的な存在であったが、やがてヤクザ社会へと足を踏み入れた。

三木との縁は、町井一家の幹部として新宿で渡世を張り、武蔵野館通りで実弟が経営するキャッチバーの社長兼用心棒をつとめていた時分にできた。不良グループによって袋叩きにされていた三木の舎弟2人を助けたことがきっかけだった。

三木が新宿で急速に伸しあがっていくのは、陳の舎弟となり、東声会を後ろ盾にしてからのことである。

だが、三木率いる三声会は、あまりにも派手にやりすぎた。それが次第に既存勢力の目に余り、怒りを買うようになったのだ。

当初はいくら三声会が膨れあがろうと、旧勢力からすれば、所詮はガキの集まりであり、〝ジャリヤクザ〟として彼らは歯牙にもかけられなかった。

ところが、三木はパチンコ屋やバー、キャバレーのかすりごとばかりか、歌舞伎町で堂々と賭博を開帳し、1晩で2百万円近くのテラ銭をあげるようになった。もとより新宿の貸元に対する挨拶などあるわけもなかった。

そうなると、新宿のヤクザたちも放っておくわけにはいかなくなった。一様に危機感を抱くようになり、いつの間にか三声会は、新宿で最も危険な排除すべき存在となっていたのだ。

そうした背景があって起きた、この夜の福岡と三木との衝突と言ってよかったかも知れない。

きっかけはささいなことだった。地下2階の深夜喫茶「スワン」へ通じる階段で、福岡と三木の身内がすれ違い、肩が触れた、触れないの言い合いになった。

不運にも相手が福岡の顔を知らない若者だったこともあって、福岡に手をあげてしまったのが始まりだった。三木が止めに入ってその場は収めたものの福岡の怒りは収まらなかった。

近くに住む女のアパートから、預けていた米国製レミントン45口径の自動式拳銃SW38口径の回転式拳銃を持ち出すや、身内の1人を引き連れて再び歌舞伎町へと舞い戻ったのだ。

もとより三木と陳を殺るためであった。

2人はまず三木に襲いかかった。福岡の45口径自動拳銃で胸を撃たれた三木は、ほぼ即死状態であった。

陳八芳は病院に担ぎ込まれた後も、しばらく生きていた。手術後にはまだ意識もはっきりしており、急を聞いて駆けつけてきた東声会の幹部たちとも話ができたほどだった。

「スワン」から出ていった三木が、そこから目と鼻の先「オスロー」前で撃たれ、殺されたことにも気づかずにいたことで、陳はひどく自責の念に駆られているようだった。

「三木には悪いことをした……。あんないい男を、死なせてしまったよ。オレがついていながら……あいつは、オレよりも先に逝ってしまいやがった……」

見舞いに来た兄弟分たちに、陳は自分のことそっちのけでつぶやくのだった。それほど可愛がっていた舎弟分であった。

〝不良少年のカリスマ〟として恐れられ、一世を風靡した伝説のヤクザ・三木恢も、陳からすれば、二まわり近くも歳下の、まだ少年の面影を残した純な若者に過ぎなかった。

陳が息を引きとったのは、手術が始まり50分ほど経ってからのことである。

武芸の達人でもあり、〝仏の陳〟の異名をとった心優しき強者は、41年の激烈な生涯を閉じたのだった。

No.3

松山芳太郎【本多会系平田会鳥取支部二代目菅原組組長】

男の名は「夜行列車殺人事件」のターゲット

パチンコ店の進出を巡り地元組織同士で対立

本多会系平田会鳥取支部長の松山芳太郎が国鉄山陰線米子駅の改札を通り抜けたのは、昭和36年10月4日午後8時過ぎのことである。間もなくホームには、乗車予定の門司発京都行きの夜行列車が潜り込んできた。松山は連れの男とともにその列車へと乗り込んだ。

連れは松山が地元の鳥取市で面倒を見ているパチンコ店「銀座会館」のオーナーであった。2人は32歳という同じ歳で、互いに住む世界は違っても、松山は相手を「社長」と呼び、オーナーのほうは「松ちゃん」と呼ぶ気の置けない間柄だった。

鳥取のパチンコ店社長は、境港にも支店を出すことが決まっており、その準備のために今日も鳥取から境港に出向いてきたのだった。その用事を済ませて、同行した松山とともに鳥取へ帰る途中であった。松山には鳥取本店同様、境港支店のほうも後ろ盾になってもらうことが決まっていた。

だが、そのパチンコ店「銀座会館」の境港支店のオープンが、松山芳太郎の住むヤクザの世界では災いの元となった。

それが引き金となって、松山の率いる本多会系平田会鳥取支部である二代目菅原組と、米子を本拠とする三代目山口組系地道組山陰柳川組との間で、激しい対立があり、一触即発の状態となっていたのだ。

2人は鳥取行きの夜行列車――後部から2両目の一等車へと乗り込んだ。2人の座席は、進行方法左側の後ろから3列目で、窓側にオーナー、通路側に松山が座った。

松山とオーナーとが列車に乗るときから、その様子をずっと見張っている男たちの存在があった。山陰柳川組の刺客3人であった。むろん松山たちは気づいていない。

3人組は松山たちが列車を待ってホームに立ったときから、

「どうする?」

「いっそここで殺ってしまおうか」

「いや、待て」

といった会話を交わし、殺気立っていた。

発車のベルが鳴り、列車がゆっくりと動き出したとき、3人の刺客も、

「よし、乗るぞ」

と最後尾に飛び乗ったのだ。

鳥取市に地盤を築く松山芳太郎が、同じ神戸を本部とする山口組のライバル・本多会系組織となったのは、これより4ヶ月前のことだった。本多会の若頭である平田会平田勝市会長の舎弟の盃を受け、平田会鳥取支部の看板を掲げることになったのだ。

それは前年8月、三代目山口組地道行雄若頭の舎弟となった米子の柳川甲録率いる山陰柳川組への対抗措置でもあった。

山陰柳川組は山口組の代紋という大きな後ろ盾を得て地盤を固めると、今年3月ごろには、鳥取市に向けて進出を開始しているのだ。松山の二代目菅原組が、これに危機感を持ったのは当然であった。

かくして本多会と山口組とをバックとする鳥取と米子の2つの組織の間が、にわか

にキナ臭くなった。

そこへ火を点けるような事態が持ち上がったのは、つい先頃のことだった。松山芳太郎の息のかかった鳥取のパチンコ店の境港支店出店がそれであった。

日本海有数の漁港である境港は、米子から突き出た半島の尖端にあり、山陰柳川組には地元という意識が強かった。パチンコ店の進出であろうと、本多会系組織の息のかかった店となれば、それはヤクザ組織の進出も同じだった。山陰柳川組はその断固阻止の姿勢を示した。

ここに至って、両者の対立はいよいよ抜き差しならないものとなった。

刺客に2度刺され列車内は血塗れの惨事

松山と銀座会館社長に続いて、山陰柳川組の刺客3人が飛び乗った夜行列車の次の停車駅は、伯耆《ほうき》大山《だいせん》駅であった。

最後尾の車両に乗った3人組は、列車が走り出すや、松山たちの乗る一等車へと移動を始めた。

一等車両の前に立つと、兄貴分格が他の2人を制し、「一等」と示された透かしガラスから中を覗き込んだ。

乗客は約15人。松山芳太郎は左後方から3列目の通路側、進路方向に向かって座っていた。

兄貴分格のリーダーが、松山の横顔を確認した。

「よし、おったぞ！」

と傍らの2人に声をかけた。

「左の後ろから3列目、通路側じゃ。背中を向けて座っとるけん」

その言葉に、2人が黙って頷いた。いつのまにか刃物を取り出し、手に握りしめていた。1人は背広の下の腹巻きに入れてあった刃渡り15センチの肉切り包丁、もう1人はジャンパーの内側に潜ませていた刃渡り30センチの短刀である。

このヒットマン3人の役割分担は最初から決まっていた。27歳のリーダーが指揮兼見届け役、ともに20歳という若者2人が実行役というものだった。

「よし、行くぞ！」

実行役の2人が、一等車に飛び込んでいった。

今にも衝突寸前となった山陰柳川組と平田会鳥取支部であったが、それでも一度は最悪の事態を懸念した第三者から、

「一回、話し合ったらどないでっか」

との提案もあって、両者は話し合いを持ったこともあった。

会談の場所は、鳥取市と米子市の中間地点、鳥取の水郷として知られる東郷温泉であった。同温泉の旅館の一室で、松山芳太郎と柳川甲録は話し合ったが、それはどこまで行っても平行線を辿るばかりだった。

ついには話し合いは決裂し、別れ際、柳川は松山に、

「松山さんよ、あんたには米子の土地は踏ませんけん、米子に入ったら、必ず奪るけん！　覚えといてもらおか！」

と啖呵を切った。事実上の宣戦布告であった。

松山も受けて立った。

「百も承知じゃ。来るなら来んかい！」

松山とて〝ダイナマイト親分〟の異名があるほど、豪気な男として山陰では名が通っていた。柳川の脅しに屈するような男ではなかった。

かくして両者の間で、いつ闘いの火蓋が切って落とされてもおかしくない状況となった――。

列車が上り坂の日野川鉄橋に差し掛かったのは、いつも通り米子駅を発って5分ほど経ったときだった。

松山はまさか刺客の魔の手が、すぐ間近に迫っていようとは夢にも思わず、目を瞑って列車の揺れに身を委ねている。ガタゴトガタゴトという列車の揺れるリズムが心地よかった。

――と、そのとき、目の前に人の気配を感じて、松山は目を開けた。

ジャンパー姿の若い男が、こっちを覗きこむように立っていた。凄まじい殺気を迸らせていた。

「松山の親分さんですね」

「そうだが……」応えるより早く、刺客は襲いかかってきた。

相手は松山の体を抱え込むようにして、短刀を突き刺してくる。

「うっ……」右胸に激しい衝撃を感じ、松山はうめいた。それでも渾身の力を振り絞って相手を撥ね除けようとする。

だが、力及ばず、再び相手のドス攻撃を胸で受けた。

「ううっ……」

松山は断末魔のうめき声をあげて、座席の床に沈んでいく。

「キャアー！」

図らずも事件を目のあたりにすることになった一等車の乗客から、悲鳴があがった。

刺客が去った後で、我に返ったように、連れの社長が、床に倒れた松山を抱え、

「松ちゃん！　大丈夫か、松ちゃん⁉」

と声を張り上げたが、何の応答もなかった。

右胸と左胸とに受けた2ヶ所の傷は、心臓に達する致命傷となった。松山は出血多量でほぼ即死状態であった。

これが山口組抗争史に名高い〝夜行列車殺人事件〟であり、松山芳太郎は32歳という短い命を散らしたのだった。

No.4

板東光弘【鶴政会岐阜支部長】

「ちょっとお話が……」直後に放たれたリボルバー6連発

かねてから殺す機会を狙っていた

昭和37年9月16日夜、岐阜の街は県知事選挙の開票に沸いていた。松野幸泰現知事が対抗馬の中村渡男候補をグングン引き離し、マスコミは松野の2度目の「当選確実」を流し始めていた。

鶴政会岐阜支部長の板東光弘が、岐阜市神明町の自宅を出たのはちょうどそんな時分――午後9時20分ごろだった。

10分ほど前に電話で呼んだ日の丸タクシーが自宅に到着したため、若い衆1人を連れてそれに乗り込んだのだ。若い衆が助手席に座り、板東は後部座席に腰を下ろした。

若い衆が運転手に、

「梅林○○番地に行ってくれ」

と行き先を告げ、タクシーは走り出した。

だが、走ったか走らないうちに、タクシーの前に1人の若い男が飛び出してきた。

運転手があわてて急ブレーキをかけた。

「何だ?……」

板東が助手席の若い衆に訊ねるより早く、若い男が停車したタクシーに駆け寄ってきた。

ウインドーを降ろした板東に男は、

「板東の親分、ちょっとお話があるんですが」

と言う。

名前は知らないが、その顔には見覚えがあった。たしか芳浜会の桜井重之のところの若い衆ではなかったか。

板東は男に対して何の警戒心も抱かなかった。まさか自分を殺しにくるヤツがいようなどとは、考えてもいなかったのだ。

さすがに助手席の若い衆だけは油断なく男を凝視し、身構えている。

「おお、そうか、それなら車の中へ入れよ」

板東が言ったとたん、男がとった行動は電光石火の早業であった。懐からリボルバー式拳銃6連発を取り出すや、後部座席の板東に向けて窓越しに撃ち込んだのだ。

「パーン！　パーン！　パーン！　パーン！」

とたて続けに6発発砲。撃ち終わると、男はすばやくその場から逃げ去った。

あっという間の出来事で、いったい何が起きたのか、その場にいた者にさえ、すぐには理解できなかった。

ハッと我に返った板東の若い衆は、弾かれたように助手席を降り、男の後を追った。

タクシーの運転手は、予期せぬ突然の事態に仰天し、次いで度を失い、ハンドルに顔を突っ伏した。震えもしばらく止まらなかった。

銃声が止んだ後で、助手席の男が犯人を追って飛び出して行くのが窺えた。少し待ったが、その男は戻ってくる気配もなかった。

後部座席の板東を見ると、銃弾を浴び血まみれになってピクリとも動かなかった。

運転手は何も考えられないまま、車を駆り、岐阜中署へと向かった。もとより撃たれた板東を後部座席に乗せたままだった。腕や左胸、脇腹など身体の6ヶ所に6発の銃弾を受けた板東は、そのうちの1発が心臓を突き破って、即死状態であった。

板東の遺体を乗せたタクシーが岐阜中署へ到着するより早く、犯人はすでに同署へ自首してきていた。板東を襲撃したヒットマンは、地元の岐阜で稼業を張るテキヤ一家・芳浜会の杉井派の25歳の組員であった。

同組員はその動機を、

「板東は道で会っても言葉ひとつかけようとしない。関東の鶴政会と手を組んで、自分の勢力を伸ばそうとしていた。ヤクザの風上にも置けないヤツと、かねてから殺す機会を狙っていた」

と自供した。

刺客の同組員は同夜9時過ぎ、日の丸タクシーの運転手が、自分の所属する杉井派事務所——杉井芸能社へきて、

「板東さんのお宅はどこになりますか」

と聞いたので、板東がタクシーで外出することを知り、チャンス到来と待ち伏せしたのだった。

池田一家を飛び出て鶴政会・林喜一郎系の舎弟に

射殺された板東光弘は、地元の老舗博徒・池田一家の元幹部だった。

池田一家は明治初年に端を発する岐阜県下でも有数の名門であった。家名の由来は一家を興した清水次郎長の身内・渡辺金五郎が生まれ故郷の揖斐郡池田村に本拠を構えたことによる。

この初代・渡辺金五郎は〝火の玉・金五〟の異名をとり、わずか数年のうちに、北は越前から南は伊勢までの強力な地盤をつくり上げたと言われる。

二代目立川兼五郎は大正初期、岐阜市へ本拠を移し、初代の勢威には及ぶべくもなかったが、一家をよくまとめあげ、三代目、四代目へと継承された。

〝火の玉・金五〟と言われた初代の武闘派ぶりを受け継いだのが、五代目山田義一であった。

終戦直後、山田は有力幹部を揃えて岐阜を押さえ、さらに東海制圧へ乗り出そうとした。だが、その強気が敵をつくり、昭和23年12月、地元の博徒・秋葉一家の若衆に拳銃で射殺されてしまう。

池田一家の悲運はここから始まったとされている。山田五代目の死後、その跡目を継ぐ者がなく、池田分家・黒田一家の旧井大之丞が六代目総裁を預かったのである。

35年春、旧井が病死することで跡目問題が再燃する。そのたったひとつの座を巡って争ったのが、〝池田の竜虎〟と言われた板東光弘と中島厳であった。

板東か中島か——。関係者が注目するなか、結局跡目をとったのはどちらでもなく、長者の浅野元義だった。両者の争いは最終的には避けられる形となったのだ。

しかし、板東はこれを不服として自ら池田一家を飛び出た。

同時に浅野も責任をとって、総裁を返上、これも長老の森岡弁治郎が新たに総裁となったのだった。

この年月、板東は縁あって関東の大組織・鶴政会大幹部林喜一郎の妹の亭主である網口和生の舎弟となった。岐阜の賭場へしばしば遊びにきていた網口と親しくなってできた縁だった。

その少し前には、池田一家の幹部で板東の義弟にあたる岩田倉二も、鶴政会と縁ができていた。義弟の板東ともども鶴政会の一員となったのである。

やがて実力を認められた板東は林喜一郎の傘下として、鶴政会岐阜支部長に就任したのだった。

支部長としての旗揚げに地元組織の激しい反感

昭和37年4月、板東は岐阜市民センターで、「マヒナスターズ歌謡ショー」の興行を打った。興行は成功を収め、関東からも鶴政会の林喜一郎を始め、錚々たる親分集が顔を揃えた。

いわばそれは鶴政会岐阜支部長の旗揚げ興行であり、地元組織に対するデモンストレーションであるのは明らかであった。

それがいかに池田一家を始め、地元勢を刺激したのかは言うまでもなかった。彼らは一様に色めきたち、その怒りの矛先は、

「板東許すまじ」

と鶴政会岐阜支部長に向けられた。

それでなくとも、板東と芳浜会菊田派、瀬古安派との対立は数年間続いていた。

4年前の昭和33年7月下旬には、芳浜会菊田派の菊田吉彦、瀬古安一家の鈴木康雄ら10人が、拳銃や日本刀を持って板東宅へ殴り込みをかける事件も起きている。菊田派の若い衆が板東一統によって拉致されたことへの報復であった。

そうした長年にわたる両者の対立は、板東が関東の鶴政会の一員になったことで、さらに激しくなるのは必至であった。

相手にすれば、狙いは当然ながら板東の命だった。

板東とて、ヤクザ渡世に生きる者として、そんなことは百も承知のはずであり、警戒もしていたのであろうが、この日の惨劇となったのだった。

敵のヒットマンの銃撃で壮絶な最期を遂げた板東は、このとき43歳であった。

No.5

高橋高美【渡部組若頭】

「くそっ！　死ねっ！　成仏してくれんかい！」ヤクザ抗争史上稀に見る殺しの手際と残虐性

至近距離で撃たれた散弾銃。顔半分が吹き飛ぶ威力

その日——昭和38年1月16日、渡部組若頭の高橋高美が松山市北京町のクラブ「ヤング」を出たのは、夜の11時15分ごろだった。連れの若い衆3人に続いて、高橋が最後に店を出たのだ。

その高橋の命を狙って、店の外でずっと待ち伏せしている者がいようとは、高橋以下一行には知る由もなかった。彼らからは、警戒している様子もあまり感じられなかった。ヒットマンは、

「よっしゃ！」

と気合いを入れ、懐から水平二連銃を取り出した。持ち歩きに便利なように銃把と銃身を切り落として、60センチくらいに縮めた12番口径ポインター・アンド・ガンであった。

ヒットマンは高橋高美の後ろにまわりこむと、その背に銃口を向けて構えた。それでもまだ誰も気が付く者はいない。

「高橋！」

ヒットマンの呼ぶ声に、高橋が振り返った。と同時に、その水平二連銃の銃口から火が噴き、「パーン！」という鈍い破裂音があがった。

銃弾は間違いなく高橋の胴体にヒットした。

高橋は衝撃によろめいて、何ごとかわめきながら刺客のほうに目を遣って、何が起きたのかを確かめようとした。

が、それも叶わず、もんどりうって地に倒れ、仰向けにひっくり返る格好になった。

ヒットマンが散弾銃を手にしたまますばやく近づいた。すると撃たれた高橋はグッタリとなって、軀がピクピクと小刻みに痙攣を起こしていた。

「おどれ、まだ生きとんか！」

ヒットマンが止めを刺そうと、再び銃を構えた。が、そのままではどうにも撃ちにくい。そこで彼は、仰向けに倒れている高橋の胴体をまたいだ。正面から顔面に向けて銃口を下ろし、ほとんど顔とくっつかんばかりに近づけた。

「くそっ！　死ねっ！　成仏してくれんかい！」

ヒットマンが怒鳴りながら散弾銃の引き金を引いた。

至近距離からの散弾銃の威力たるや、凄まじかった。高橋の顔半分を吹っ飛ばしていた。高橋は頭蓋内爆創で即死であった。

返り血をたっぷり浴びた刺客の顔とジャンパーは真っ赤に染まっていた。彼は自分の〝仕事〟を終えると、すぐさまその場を引きあげた。ヒットマンにしては終始落ち着き払った態度だった。

あっという間の出来事で、その間、いったい何が起きたのか、高橋高美のお伴の若い衆たちにはとっさに理解することさえ叶わなかった。何らなす術もなく、気づいたときには高橋が殺されていたというのが本当のところだった。

銃撃犯がどこから来てどっちへ逃げたのか、それすら記憶が覚束ないほど、意識が混乱していた。

それほど衝撃的な事態であり、ヒットマンとしてはヤクザ抗争史上稀に見るような、際立った仕事ぶりであったろう。

自分の親分に引退を迫ったイケイケの若手実力者

当時、高橋高美は愛媛・松山のヤクザ界にあって、次代を担う屈指の実力者と目されていた。

昭和30年代の伊予・松山ヤクザ界は、中西組を興した中西鬼太郎こと月龍が土建業を中心に勢力を伸ばし、県下の中南予地区の9団体を結集して「中西会」を結成、県下最大の勢力を誇っていた。

他に、黒田一家の黒田新太郎は、戦前から松山市一円で博徒一本の渡世を歩んだ生粋の博徒として知られた親分だった。戦後は堀之内総合運動場に開設された競輪場の用心棒をつとめたり、土建業も興し、〝伊予の顔役〟と言われ、カタギ衆に評判の良い親分でもあった。

この中西月龍、黒田新太郎、国会議員にまでなった大西弘などの大親分を別格とすれば、それぞれ若手が台頭しつつあり、その代表的なものが北村組、渡部組、郷田会、西本組、三代目中西会、松下組、相原組などであった。

このうち、渡部組にあって若頭をつとめる高橋高美は、若手実力者として飛ぶ鳥を落とす勢いにあった。

クラブ「ヤング」事件の前年の昭和37年ごろには、渡部組の大半が若頭派と言ってよく、親分の渡部実組長以上に力を持つ高橋が、組の実権を握っているも同然だった。その分、高橋は公然と親分をないがしろにしだし、組のなかでも横暴さが目にあまるようになったと言われる。

その若頭としての分を越えた振る舞いは、昭和38年の年が明けたころには、さらにエスカレートしていったという。親分である渡部実の自宅に押しかけ、半ば脅しをかけて引退を迫ったという話も伝わるようになっていた。

一方で、渡部組にはもう1人、柳川重男という力のあるホープがいた。不良少年時代、ヤクザにも一目置かれ、「松山にこの男あり」と言われるほどの名を売った男で、高橋がスカウトして渡部組に入門させたいきさつがあった。

そんななか、高橋若頭一派は、渡部組で勢いのあるこの柳川重男の一統とも衝突することになる。高橋派は、柳川の若い衆を拉致したり、痛めつけたりする事件を引き起こすのだ。

その若い衆が自分の直属の舎弟だったこともあって、誰よりも怒ったのが、柳川の腹心である大崎三郎であった。

それでなくとも、以前から高橋の振る舞いには腹に据えかねるものがあり、積もり積もっていることもあった。

我慢も限界となり、ついには、「高橋高美を殺る」という決断に至った。

その高橋殺害の指揮は大崎が執り、舎弟2人を偵察班にさせ、ヒットマンには相原という根性者を選んだ。

武器を用意したのも大崎で、彼は12番口径ポインター・アンド・ガン——水平二連銃の銃身を短く切ってショットガンにしたものを持っていた。

彼らは決行に向けてただちに動いた。

ヤクザ界で賞賛されたヒットマンの手際

またとない知らせが偵察班からもたらされたのは、高橋高美殺しを決断して4日目のことだった。1月16日の夜9時過ぎである。

「〝タマ〟はこれから『ヤング』へ向こうてます。確かです。この耳で聞いとりますけん、いま、車に乗りよるところです。連れは2人か3人」

港町銀天街の南側裏通りにある高橋高美の事務所近くで、高橋を見張っていた舎弟からの電話を、大崎は北京町の柳川事務所で受けた。〝タマ〟というのは、狙う標的である高橋のことを指した。

大崎はすぐにヒットマン役の相原に電話を入れた。すぐ近くにアパートを借りて、四日前からほとんど外出もせずに大崎からの連絡を待っている男だった。

「タマはクラブ『ヤング』に向こうた。連れは2人か3人」

「了解」

「ええか、十分気をつけえよ。二丁拳銃のナントカやけん」

高橋高美は外出する際も、つねに二丁拳銃を肌身離さず持ち歩いている男として知られ、〝二丁拳銃の高美〟の異名がついていた。

「兄貴、心配には及ばんですよ」

落ち着き払った相原の様子に、大崎は成功を確信していた。

相原は即座に行動に移した。押し入れから銃身を短く切った水平二連銃を取り出した。部屋のストーブを消して、ジャンパーを着込むと、そのなかにショットガンを収めこむようにして持ち、部屋を出た。

それから2時間後、相原はヒットマンとして、ヤクザ界では「いい仕事」と賞賛されるような結果を出したのだった。

さしも松山で騎虎の勢いにあり、天下を取ろうかという高橋高美も、25歳の若者の銃弾の前に37歳の生涯を閉じたのだ。

No.6

清家国光【錦政会岐阜支部長新風組組長】

我より他に神はなし――超武闘派、祈禱中に射殺さる

イケイケの武闘派が熱心に神仏に祈る姿

錦政会岐阜支部長の清家国光が、兄弟分の中島唯雄とともに熊本市春竹町八王子の中山身語正宗八王子布教所を訪問したのは、昭和38年11月13日午後2時のことである。

清家は、この宗派の信者で、本籍のある熊本へ帰るたび、祈禱のため同布教所へ寄るのがつねだった。岐阜市寺町に事務所を置き、関東の錦政会一門として自ら新風組を率いる清家は、見かけによらず、信心深かった。それこそ怖い者しらずのイケイケの武闘派、人に頭を下げるのが大嫌いで、普段から、

「オレの命があと3年あったら、オレは天下を取る」

と豪語する男が、熱心に神仏に祈る姿など、彼を知る者なら誰にも信じられなかっただろう。

もともと清家は大分の出身で、高校生の時分、地元のヤクザ者とぶつかり、相手を刺してしまう。少年の身で、宮崎少年刑務所への入所を余儀なくされたが、その服役中、獄中で再び事件を起こし、熊本刑務所へと押送される。

全部で8年ほどつとめて熊本刑務所を出所したのは6年前、28歳のときだった。

しばらく熊本で渡世を張っていたが、2年後の昭和34年、熊本の兄弟分・中島唯雄とともに上京、当時の鶴政会の稲川角二（後の稲川会稲川聖城総裁）の若い衆となり、最高幹部である林喜一郎の預かりの身となったのだった。

それから3年後の昭和37年9月、林喜一郎系の舎弟で、岐阜支部長をつとめていた板東光弘が地元の対立組織との抗争で、射殺される事件が起きた。

そこで板東の後釜として鶴政会（翌38年より錦政会となる）に任命されることになったのが、清家国光であった。

清家は岐阜に腰を据えて抗争取拾後の後始末、及び鶴政会岐阜一門のとりまとめに尽力した。

その清家をバックアップし、何かと力を貸したのが、兄弟分の中島唯雄であった。そのため、中島も岐阜入りする機会がグンと多くなった。

清家は岐阜に本拠を置くようになってからも、ときどき熊本に帰った。

今回の熊本訪問も、市役所で戸籍抄本を取るという用件があったのも確かだが、それ以上に清家は熊本に愛着があり、何かあると訪ねたがっていた。岐阜にいた中島とともに飛行機でやってきて、熊本には昨日着いたのである。

その日、市内春竹町の中山身語正宗八王子布教所へ顔を出した清家は、まず馴染みの祈禱師と礼拝所の隣の部屋でお茶を飲んだ。

やがて清家が立ち上がり、

「じゃあ、兄弟、ワシは祈禱するばい。待っとらんで帰ってくれてもよかとよ」

「いや、待っとっと。ここで横になっとる」

「済まんなあ」

清家は祈禱師とともに、隣の礼拝所へと移動した。

そのうちに2人の祈りの声が、襖越しに中島の耳にも聞こえてきた。

清家の兄弟のあの信心深さは、いったいどこから来るものだろうか――と中島は思わざるを得なかった。

清家はいったん祈りに入ると、一心不乱に祈りに没頭し、まるで別人のようになって自分の世界へ入ってしまう。地の底から湧き上がってくるような低いうなり声にも似た祈りの声を発し続け、ときによってはそれが1時間、2時間と続くことさえあるのだ。

それは清家という人間を知る者なら、誰もが驚くような光景であったろう。

神も仏も信じない、信じられるのは自分だけ、頼れるのは自分の力のみ、我より他に神はなし——とばかりに、ガムシャラに力だけでグイグイ押して来た男こそが、清家ではなかったのか。

なにしろ、空手4段、柔道5段という強者で、向かうところ敵なしであった。

「もう少し引くところは引く、頭を下げなきゃならんところは下げないかんぞ」

と、清家にすれば、唯一頭のあがらない兄弟分である中島に注意されても、そのスタイルはなかなか直らなかった。

祈禱中に浴びた7発もの銃弾の雨

中島は畳の上にゴロンと横になった。間もなくして瞼が重たくなってきたのは、隣の部屋から聞こえてくる清家の祈禱の声が、子守唄代わりになったのかも知れない。

中島はウトウトしだした。夢ともうつつともつかぬ時間が流れていく。

どれくらいの刻が経ったころであろうか。

突然、「パーン！」「パーン！」「パーン！」という爆発音があがったのだ。

中島はたちまち現実に返り、ガバッとはね起きた。襖を開け、部屋から裸足のまま隣の祈禱所へと駆け降りた。

いまのが拳銃発砲音だろうとはすぐに察しがついた。

「兄弟！」

清家は拝殿の前に正座し、後ろを振り向こうとして体を中途半端に捻らせたままの形で、力尽きて倒れていた。身体中から血が噴き出ていた。拳銃で撃たれたのは一目瞭然であった。

右手を背広の懐に入れたままなのは、自らも銃を取り出そうとして叶わなかったのであろう。

「兄弟！　大丈夫か!?」

中島が呼んでも、清家は応えず、ピクリとも動かなかった。

清家と一緒に拝んでいた祈禱師が、隣で腰を抜かし、血の気を失った顔で震えている。清家のガード役の組員も、すぐ近くで倒れていた。

中島は刺客を追って、表へ飛び出した。走りながら懐から拳銃を抜いた。

外へ出ると、襲撃者たちの姿はすでに遠くのほうにあった。その数は3人。

「ヤロー！　待てえ！」

連中に拳銃を向けて、中島は撃とうとしたが、時遅く、彼ら3人は車に乗り込んだあとだった。

「くそっ！」

中島はその車を呆然と見送るしかなかった。急いで祈禱所へ戻り、清家のもとへと駆け寄る。

「兄弟！　兄弟！」

中島は血みどろの清家を抱き起こし、その名を呼んだ。

が、清家はカッと目を見開いたまま何も応えなかった。顔や胸、腹と身体中至るところが撃たれている様子で、そこから血が流れていた。

3人のヒットマンはそれぞれアメリカ製スペシャル6連発38口径をはじめ、25口径や大小3丁の拳銃で至近距離から9発発射。うち7発がまともに清家の身体に命中したのだった。

もはや手の施しようがないのは、見るからに明らかだった。ほぼ即死状態といってよかった。

中島はその目を閉じさせ、

「……兄弟、無念だったと……。成仏してやんない」

と語りかけた。撃たれたとばかり思っていたガードの組員は、どこも撃たれておらず、無事であった。ガードの役目を果たせなかった彼は、間もなくそれを恥じてカタギになった。

〈兄弟、守ってやれなくて済まんかったなあ。ワシが側におりながら……勘弁してやんない〉

中島は胸の内で清家に語りかけ、手を合わせた。

清家が、

「あと3年命があったなら、オレが必ず天下を取ってみせる」

と豪語したのは、ちょうど2年前のこと。あと1年というときの惨劇であったわけだが、清家自身、こういう運命をある程度予感していたのかも知れない。

「強い者は殺される」というヤクザ界のジンクスを、清家もまた実証した形となったのだった。享年34。清家は男盛りのうちに凄絶な死を遂げたのである。

No.7

田場盛孝【普天間派首領】

9ヶ月に及ぶ第三次沖縄抗争の果てに……

沖縄抗争における普天間派の誕生

その日の朝——昭和42年10月19日が首領《ドン》にとってきわめて不運だったのは、まさに午前10時というその時間は、警護の子分たちが全員眠りに落ちたばかりであったことだ。

それも無理なかった。なにしろ、この年春から始まった抗争は凄まじく、相手組織との間でほぼ8ヶ月間にわたって連日のようにゲリラ戦が繰り広げられていた。

ドンの自宅で昼夜の別なく警戒に当たった子分も、この朝はつい徹夜の疲れで不寝番も立たず、全員が眠りこけてしまったのだった。

そのドン——沖縄ヤクザの二大勢力である那覇派と山原派を向こうにまわして一歩も引かずに闘い続けていた男こそ、普天間の首領・田場盛孝であった。

田場は元は米軍トラックの運転手をしていて、「戦果アギャー」のリーダーだった。

「戦果アギャー」とは、戦果をあげるの意で米軍占領物資の略奪者を意味し、この猛者たちが、戦前には存在しなかった沖縄ヤクザの原点となった。つまり、沖縄ヤクザは終戦直後の米軍の金網の中から生まれたのだった。

やがて、この「戦果アギャー」の中から腕と度胸で頭角を現していったヤマチダー(利かん坊の意)が那覇派やコザ派(山原派の前身)を結成、勢力を二分するようになった。

この両者がビンゴ遊技場の利権を巡るもつれから敵対し、第一次沖縄抗争へ発展するのは、昭和36年のことだった。

一時は〝戦果〟の稼ぎを元手に事業家になっていた田場盛孝も、那覇派とコザ派の抗争が始まると那覇派に加わり、幹部の座に就いた。

だが、すぐに那覇派と袂を分かって普天間派を結成、一匹狼・田場の面目躍如たるところであった。

一方、コザ派のほうも、新城喜史をドンとする山原派（2百人）と喜屋武盛晃をドンとする泡瀬派（150人）とに分裂し、間もなく山原派・那覇派・普天間派の3派連合vs泡瀬派という第二次抗争へと発展する。

この第二次抗争は足かけ3年にわたって展開されたが、3派を敵にまわした泡瀬派は、その猛攻の前に次第に追い込まれ、最後はドンの逮捕もあって決定的なダメージを受け、昭和42年1月、解散を余儀なくされた。

かくて第二次抗争は終焉となるのだが、検挙者は4派合わせて482名、押収された武器は630点に達した。

第三次抗争勃発、山原派に宣戦布告

だが、平和は半年と続かなかった。

昭和42年3月3日早朝、宜野湾市普天間の普天間派幹部宅に、乗用車で乗り付けた男が短銃弾3発を撃ち込んで逃走するという事件が起きるのだ。

第三次抗争の勃発であったが、原因は壊滅した泡瀬派の縄張りの奪い合いにあった。

山原派は普天間派との了解事項を破って、泡瀬派の縄張りを独占しようとしたのだ。

これに激怒した普天間派は、山原派に宣戦布告、この山原派と普天間派との抗争に対して、もう一方の雄・那覇派が付いたのは山原派のほうだった。

こうして山原派・那覇派連合軍4百人vs普天間派70人の戦いの火蓋が切って落とされたのだった。

そのゲリラ戦は凄まじいばかりだった——。

3月10日午後4時過ぎ、普天間派組員が山原派の数人にリンチされる。

3月14日夕刻、普天間の路上で、山原派と普天間派組員数人が鉢合わせし、投石しあうなどの乱闘。

3月22日正午過ぎ、宜野湾市内モルモン教会前の路上に駐車中の、2人組が乗り込んだ車に、普天間派が銃弾を撃ち込む。

4月14日午後、那覇派最高幹部の公判が開かれたコザ市の裁判所法廷へ、那覇派数人が棍棒やスコップを手に殴り込み、検察側証人の普天間組員2人を襲撃、負傷させた。

4月23日深夜、普天間派幹部経営の競技場にダイナマイトが投げ込まれて爆発。

4月25日早朝、那覇市内の普天間派幹部経営のパチンコ店に火炎瓶が投げ込まれ、炎上。

5月14日午前10時ごろ、普天間派の首領・田場盛孝の自宅を5人組が襲撃、短銃を乱射、お手伝いの女性が流れ弾を大腿部に受けて重傷を負う。犯人を追って飛び出した普天間派の組員1人が、返り討ちにあって死亡。

6月30日早朝、那覇派幹部経営のパチンコ店が襲われ、手製の手投げ弾が投げ込まれた。

8月1日、普天間派の首領・田場盛孝の自宅前で、普天間派組員1人が乗用車に乗ってきた男に短銃を乱射され重傷を負う。

9月30日、普天間の路上で、普天間派の幹部が、背後から乗用車で近づいてきた男に短銃で狙撃され重傷。

――こうして迎えた10月19日であったのだ。すでに田場盛孝は何度か襲撃を受けており、そこに詰めていた普天間組員から死傷者を出していたばかりか、お手伝いさんまでもが重傷を負う事件が起きていた。

そのため、普天間派の少なからぬメンバーが交替で田場宅に詰め、24時間体制で警戒を行っていたのだが、この日の朝に限ってポッと生じた隙であった。

連日の緊張感と徹夜の連続で、1階に詰めた組員たちはそろって寝入ってしまったのだ。ドン・田場の寝室は2階であった。

そこへ3人の刺客を乗せた1台の灰色の乗用車が乗り付けた。車は、田場宅の道路向かいにある開放地琉映館の路地から現れた。

車から降りたのは2人で、1人は拳銃を持ち、もう1人は日本刀を手にしていた。

2人組は表玄関から堂々とあがりこんだ。

ちょうどその時刻、田場宅はよろい戸を降ろし、皆が寝静まって静寂のなかにあった。ドタドタというあわただしい物音を聞いて、奥の台所から2階に駆け上がろうとしたのは、田場の妹とお手伝いさんだった。

だが、彼女たちは、待ち受けていた刺客によって拳銃を突きつけられ、口も利けず、身を震わせるしかなかった。

家人を脅かしてその場に立ち尽くさせると、2人組はまっすぐ田場の寝室に向かった。

ただごとならぬ物音や気配に気づいて、田場も目を覚まし、布団をはねのけ起き上がろうとした。

それより早く寝室に飛び込み、田場の顔を確認した刺客は、そのこめかみに向けて2発の銃弾を見舞った。即死であった。

2人はその場からすばやく去り、もう1人が表でエンジンをかけたまま待っていた車に飛び乗り、もと来た道を中部商業高校方面へ向けて逃走した。銃声に気づいた普天間派メンバーの追跡も及ばなかった。

この刺客3人は那覇派のメンバーで、うち2人はまだ20歳に満たなかった。

降伏勧告にも耳を貸さなかった

普天間派のドン・田場盛孝は空手の腕も立ち、人の風下には立てない性分で、那覇派のドンで〝スター〟こと又吉世喜や山原派のドンで〝ミンタミー〟こと新城喜史に対しても、自分のほうが格上との意識を持っていたといわれる。

そんな沖縄ヤクザ界の〝カリスマ〟ともいえる2人に対して、とことん突っ張った挙句の第三次抗争（普天間抗争ともいわれる）であったわけだが、4百対70という勢力の違いもあって、普天間派が一方的に叩かれる展開となった。

降伏勧告も出されたというが、田場はいっこうに耳を貸さず、突っ張り抜いた。降伏するくらいなら最初から分派もしないし、喧嘩もしないというのが、田場の言い分であったろう。最後までその姿勢に一貫してブレはなかったわけである。

その果てに田場は射殺され、39年の波瀾の生涯を閉じたのだった。

この田場の死によって、沖縄ヤクザ三次抗争は実質、幕を閉じたのだが、その報復に向けた普天間派残党の動きもあったという。

だが、田場夫人の説得を受けてその年（昭和42年）の11月10日、普天間派は解散するに至った。

三次抗争はおよそ9ヶ月にわたって繰り広げられ、その間に発生した短銃、手榴弾、日本刀等による襲撃の応酬は八十数件に達した。

No.8

大長健一【大長組組長】

多くの敵を葬った必殺の鎧通し
〝兇健〟と呼ばれた侠の最期

門司の〝兇健〟左脇腹を刺されて死す

昭和45年9月20日付の西日本新聞に、「大長組長　刺殺さる」の見出しで、こんな記事が載った――

《十九日夜、北九州市門司区で暴力団員の抗争事件が発生、刺された一人が死亡、一人が重傷を負った。

殺されたのは、北九州市門司区東門司、大長組長、大長健一さん（四七）で、もう一人の同市内門司区日野浦新開、同組員、宮崎斉蔵さん（四七）は、意識不明。門司署は同夜、特別捜査本部を設け捜査を始めると同時に、暴力団抗争事件の続発を厳重に警戒している。
十九日午後十時十分ごろ、北九州市門司区老松町一丁目の国道三号線桜町の交差点近くの歩道に四十歳くらいの男が血だらけになって倒れているのを通行人が見つけて一一〇番した。その直後、同区浅生外科に別の男が血だらけになり、ころげこんだ。同署で調べたところ、路上に倒れていたのは大長さんで、左腹部を刺身包丁のようなもので一突きされ、出血多量で二十日午前零時過ぎに死んだ。また、浅生外科に入ったのは、宮崎さんで、みぞおちを刺され、重体。
同日午後十時ごろ、大長さんの倒れていた現場近くの食堂〝満作〟から刃渡り三十センチくらいの刺身包丁を持ち出した男がおり、この事件との関連を追及している》
〝兇健〟と呼ばれ、西日本のヤクザを震えあがらせた門司の大長組組長大長健一の最期である。

思いもよらぬ襲撃に不覚をとった2人

新聞に記述されている宮崎斉蔵とは〝関門の虎〟の異名をとった大長の最古参の舎

弟だった。

その日、大長は、朝、「みなと食堂」で朝食をとり、昼は競輪場で遊び、夜は小料理屋「花のつゆ」、スナック「百合」をまわるという、いつも通りの日課を楽しんでいた。いずれも門司一番の繁華街栄町にある大長行きつけの店だった。

好物の炒り卵にビールの朝食、昼の競輪、夜は夜で「花のつゆ」でのフグと海老フライを肴の一杯、その後隣のスナック「百合」で流しを呼んでの歌——という内容も、いつもと何ら変わらなかった。

ただ、この日、違っていたとすれば、大長が初めて皆の前で、

〝あめあめ　ふれふれ　母さんが　蛇の目でお迎えうれしいな
ピッチピッチ　チャップチャップ　ランランラン〟

「あめあめ　ふれふれ」の童謡を3番まで歌ったことと、その後すぐに、

「ようし、今日はこれでお開きや」

と宮崎斉蔵1人だけを残して、護衛の任についていた者たちを帰らせたことであったかも知れない。

大長はこの後、宮崎と2人で近くのキャバレー「月世界」へと向かう。

酒を一滴も受け付けない宮崎は、この夜も「百合」では、自ら店の前で立ち番をした。

「何があるかわからんけえ、素面《しらふ》の者がいたほうがええ」

との大長の指示もあって、宮崎は酒の席となるとドアの外で見張りに立つことが少なくなかったのだが、

「ヤジのためだから」

と文句ひとつ言わなかった。大長を決して「兄貴」と言わず、生涯「親分」「親父」「親仁（ヤジ）」と立てた男が宮崎であった。

「月世界」へ入店した大長と宮崎は、そこで知った顔に出会った。

大長の従兄弟にあたる土屋三兄弟の長兄・土屋誠である。土屋は競輪のコーチ屋と飲んでいた。

そのコーチ屋は大長をよく知る人物で、何か不快な思いをさせられたことがあったのか、帰り際、大長は、

「貴様、つまらんぞ！」

と言ったと思いきや、直後、その頭をピシャリと叩いたのだ。

これにビックリしたのは、大長の怒ったときの怖さを誰よりも熟知している土屋であった。

大長は何事もなかったかのようにテーブルを離れたが、大長がそのままで済ますとは、土屋には到底考えられなかった。

土屋は、その怖さと酔いの勢いもあって、武器を探しに店を出た。こられる前にこっちから行くしかなかった。

土屋は近くの食堂「満作」から刺身包丁を持ち出すや「月世界」へ戻ると、大長たちを狙った。彼らはちょうど店を出たところだった。

土屋は刺身包丁を手に大長を目指して突っ込んでいく。

思いもよらない土屋の行動に、大長は一瞬何が起きたのか理解できなかった。ズシンと身体ごとぶつかってきた相手のよく知る顔を、不思議そうに見遣るしかなかった。

左脇腹に衝撃があり、灼けつくように熱かった。

続けて土屋は、電撃的なすばやさで宮崎にも二の太刀を繰り出した。あっという間の出来事で、宮崎は身を躱《かわ》す暇もなかった。

土屋は宮崎の腹に刺身包丁を突き出すと、そのまま後ろも振り返らずに逃走した。

自らの重傷を顧みず舎弟を抱えて病院へ……


「虎……」

〝関門の虎〟の愛称で舎弟を呼んでいた大長は、くずれ落ちた宮崎を抱え起こした。自らが左脇腹を膵臓に達するほど深く刺されたにも拘わらず、大長は宮崎を肩にかつぐようにして歩きだした。「月世界」から2百メートルと離れていない浅生病院を目指したのだ。凄まじい気力であった。

もし、変事に気づいて駆けつけてきたボーイに宮崎を託し、大長が身一つで病院へ向かっていれば——との想像も生まれるが、もとよりそんな考えのかけらも出てくる男ではなかった。大長には、自分のことより、何が何でも舎弟を助けなければ——との一心しかなかった。

駆け寄ったボーイが、大長から聞いたのは、

「救急車はいらんぞ」

という言葉で、相手が身内の土屋誠とあって、事件にしたくなかったのだろう。

ボーイはその前に、

「虎、前へすかしたな」

との大長のつぶやきも耳にしている。

門司弁で「油断した」との意で、土屋誠の襲撃を予想さえしていなかったのだ。

大長には、一刻も早く宮崎を病院へ連れていきたいという頭しかなく、

「虎、辛抱せぃよ」

と声をかけ、宮崎をかついで一歩一歩病院へ向かって歩いた。

だが、いくらなんでもそれは無茶であった。普通なら自分1人さえ歩くのは困難な重体の身なのに、奇跡としかいいようがなく、気力だけでもっているようなものだった。

酔いに加えて、その無理な歩行がさらに出血多量を促した。

やがて、さしもの〝兇健〟と呼ばれる不死身の男にも、限界が訪れた。およそ50、60メートル歩いた国道3号線桜町の交差点——病院まで百メートルという地点で、大長はついに力尽きるのだ。

「病院はもうすぐじゃ、虎……お前だけ……這ってでも行け」

との最期の言葉を残して。

宮崎は言われた通り、気力を振り絞って病院へたどりつき、一命をとりとめた。

この〝関門の虎〟こと宮崎斉蔵は、この事件を含む包丁や銃弾などによる傷を、生涯に4度負ったという。それもすべて腹部へのものだったが、いずれも致命傷を逃れるという不死身ぶりを発揮している。

宮崎が兇健・大長の舎弟となったのは尋常小学校5年生のときで、大長同様、波瀾万丈の生涯を送ったが、大長の死後、ことにその晩年は穏やかな日々を過ごした。

関門の虎と呼ばれた男が世を去るのは、この事件より20年後の平成2年1月のことで、享年68であった。

一方、大長は通報で病院へ運ばれたが、ついに意識は戻らなかった。生涯で初めて受けた傷が致命傷となったのである。

また、解剖の結果、肺結核が進行して末期症状にあり、事件がなくても長い命ではなかったと言われている。

享年47、その最期は、兇健と呼ばれ、太く短く生きようと、時代を駆け抜けた男にふさわしいものであったかも知れない。

No.9

吉田芳弘【松田組系村田組内大日本正義団会長】

ベラミ事件の引き金となった大阪・日本橋白昼の死

小康状態の大阪戦争、報復計画が練られ——

昭和51年10年3日、大阪は秋晴れの日曜日だった。そんな秋たけなわの日曜日の昼間とあって、「電気製品の街」で知られる大阪・日本橋商店街は、買い物客で賑わっていた。

その商店街のど真ん中で銃撃戦が勃発し、大阪博徒組織の三次団体会長が射殺されるという事件が起きた。

射殺されたのは、松田組系村田組内大日本正義団の吉田芳弘会長で、36歳という若さであった。

この日、吉田会長はハワイからきた韓国人男性を大阪見物に案内していた。連れの韓国人女性2人は吉田会長と知り合いだった。

午前11時ごろ、大阪・ミナミのふぐ料理店で5人で食事をした後、吉田会長は女性2人を連れて浪速区日本橋の電気店街へ買い物にきた。

この女性2人のうち、1人はミナミの韓国クラブのホステスで、吉田会長の愛人と報じたマスコミもあった。

「その彼女がビザの関係でいったん2日後に韓国に帰国するので、お土産を買うてやろうとして日本橋の電気問屋へ寄ったんや。以前から彼女とそんな約束をしとったらしいんやが、吉田会長にはそんな律儀なところと、女性に対してすこぶるやさしいところがあったな。せやから女性にはようモテたわ」（消息通）

一行を乗せた白いクラウンを運転していたのは、吉田会長のボディーガード兼運転手役の大日本正義団組員であった。

ミナミから日本橋へ向かう途中、組員がつねに前後左右に警戒を怠らなかったのは、山口組が吉田会長の命を狙っていることを、百も承知だったからだ。

1年3ヶ月前の昭和50年7月26日、大阪・豊中市で起きた〝ジュテーム事件〟に端を発する山口組と松田組との"大阪戦争"は、そのころ、膠着状態にあったとはいえ、いまだ継続中であった。というより、この時点での両者の犠牲者の数は、山口組が死者4人、負傷者1人なのに対し、松田組は負傷者1人だけという一方的なもので、とても山口組がそのまま収まるような抗争のバランスシートではなかった。

そもそもが賭場でのトラブルから、豊中市のスナック「ジュテーム」で、山口組系佐々木組内徳元組の幹部ら4人が松田組系溝口組幹部ら7人から銃撃を受け、うち3人が射殺、1人が瀕死の重傷を負うという凄まじい事件が発端だった。

だが、それから2ヶ月にわたって、双方の攻防の応酬が続いて、同年9月3日、松田組系大日本正義団組員2人が、山口組系中西組組員を射殺して山口組に4人目の死者を出したのを最後に、銃声は鳴り止んでいた。

大阪戦争はおよそ1年にわたって小康状態を保っていたのだが、山口組が松田組に対する報復を断念したわけではなかった。

とりわけ虎視眈々と報復に執念を燃やしていたのは、抗争の当事者ともいえる三代目山口組の佐々木組であった。

その時分、田岡一雄三代目が、

「このごろミチはゴルフばっかりやっとるようやな」

と側近に漏らしたという話も伝わっていた。「ミチ」とは三代目直参の佐々木道雄(後の将城)組長のことだった。

田岡三代目のセリフには、抗争の当事者でありながら確たる戦果をあげていない佐々木組長に対して、

「極道の本分を忘れて、何をやっとるんや」

という意が言外に含まれていた。

そのことを誰よりもわかっている佐々木組長にすれば、よりプレッシャーを感じると同時に、何が何でもけじめをつけなければ——と再確認したことであったろう。

かくて佐々木組は警察の厳しい取締り状況のなか、報復の計画を練り、実行の機会をひたすらうかがっていた。

当初、佐々木組が報復のターゲットとして狙いをつけたのは、松田組樫忠義組長、松田組系村田組村田岩三組長、同村田組内大日本正義団吉田芳弘会長の3人だった。

やがて吉田会長に的を絞り、佐々木組は数ヶ月にわたってターゲットの吉田会長の身辺や行動を探り、情報収集につとめた。

10月3日、ついにそのチャンスが訪れたのだ――。

白昼の大阪・日本橋繁華街での拳銃乱射

日本橋電気問屋街へ着いた吉田芳弘会長たちは、数軒の店を見てまわって、最後に「やまと無線」に立ち寄った。

そこで会長は電気カミソリ3個とホットカーラー1個を計2万7千円で購入し、店を出た。午後1時15分ごろのことである。

会長が店のすぐ前の車道に停車していたクラウンに乗ろうとしたところ、背後から2人組の男がやにわに近づいてきた。

男たちは上着のポケットからすばやく拳銃を取り出すや、吉田会長目がけてたて続けに3発ずつ発射した。銃弾は1発が吉田会長の背中から胸に貫通し、3発が胸や腰に食いこんで、会長はあお向けに倒れた。

襲撃した2人組は、ただちに逃走した。

「ヤロー!」

異変に気付いたボディーガード役の組員が、すぐさま2人を追った。組員は走りながら拳銃に弾を込めた。現場から南へ約4メートル離れた商店街で、2人目がけて数発を発射した。

発射された弾丸のうち1発が道路わきに駐《と》めてあったライトバンの後部に当たった。2人組は銃弾を躱しながら逃走、流れ弾が近くの建物の窓ガラスを割ったが、幸い通行人や買い物客などに、巻き添えによる怪我人はなかった。

2人組は吉田会長らが買い物をした「やまと無線」店の北隣りにあるカセットテープ販売「豊岡商店」に事件の約15分前から客を装って入り込み、会長の様子をうかがい続けていた。

若い女子店員が、

「何にしましょうか」

と2、3回声をかけても、男たちは無言で表を睨んだままだった。数時間前から車で吉田会長を尾行してきたのだ。

吉田会長は110番で現場に駆けつけた浪速署のパトカーで近くの病院に運ばれたが、ほぼ即死状態で、10分後に出血多量で絶命した。

これが世に言う〝日本橋事件〟、いわゆる第二次大阪戦争の勃発であった。

大阪府警はこの1ヶ月後、吉田会長を射殺した襲撃犯グループを逮捕した。佐々木組の襲撃部隊6人で、佐々木組系列の別々の組から選抜された組員による混成部隊だった。

では、なぜ松田組のなかでも大日本正義団の吉田会長が山口組の的にかけられることになったのだろうか。

ひとつには、第一次抗争での大日本正義団の好戦的な姿勢が突出していたことである。

それに加え、発端となった〝ジュテーム事件〟を陰で指揮していたのが、ほかならぬ吉田会長と見られていたからだった。

実際、吉田会長は武闘派として知られ、若いが昔気質の色濃いタイプで、弱い者いじめが大嫌い、子分の面倒見が無類によかったという。

松田組に入ったのも、10代の不良少年時代、仲間の1人が松田組の者と喧嘩して組事務所へ連れていかれたことがきっかけだった。その知らせを聞いた吉田会長が、血相を変えて事務所に乗り込んだところ、たまたまそこに居合わせた松田組の親分から、

「松田組に1人で乗り込んでくるとは、ええ根性しとる」

と気に入られ、それが縁で宮本組入りし、極道渡世へと足を踏み入れたという経緯があったのだ。

吉田会長の葬式で復讐を誓った鳴海清

吉田会長の葬儀が執り行われたのは事件から3日後のことで、その遺体は大阪市平野区瓜破《うりわり》の火葬場で荼毘に付された。

火葬場には大日本正義団の組員25人が黒装束で参列したが、遺骨を拾う段になって、組員らはそれぞれに吉田会長の遺骨を口に食《は》んだ。

それが一部マスコミでは、

「大日本正義団の組員たちは吉田芳弘会長の遺骨をしゃぶって吉田会長の復讐を誓った」

と報じられたものだ。

実はその真相は、組員の1人が、

「死人の骨を食べると長生きすると言うで」

と箸でつまんだ遺骨を口元に運び、舐めたのが始まりだった。この組員は、一部で伝わっている迷信を信じていたのだ。

他の組員もそれに倣って、

「ほんまかいな。それならワシも……」

となったのだが、もとよりそうすることで亡き吉田会長の無念を改めて噛みしめ、報復を誓った者がいたのもまた確かだった。

後に田岡三代目を狙撃することになる鳴海清も、そんな1人であった。

いずれにせよ、この吉田芳弘会長の死が、日本ヤクザ界に衝撃を与え、世を震撼させた〝ベラミ事件〟――鳴海清による田岡三代目狙撃事件を引き起こしたのは、紛れもない事実だった。

No.10

滝下健夫【侠道会池澤組幹部】

死にざまも男前、〝土佐の夜桜銀次〟

海岸に打ち上げられた無惨なリンチ死体

昭和53年3月16日、日付けが17日に替わろうかという深夜、大阪・堺の東組二代目清勇会川口和秀会長は、高知の兄弟分である侠道会池澤組幹部・滝下健夫の姐から、緊急の電話を受けた。

その夜、高知市内随一のネオン街へ1人で遊びに出た滝下が、地元の対立組織の組員7、8人と遭遇、乱闘となったが、多勢に無勢で分が悪く、たちまち殴られ蹴られたうえで乗用車で拉致されたというのだ。

姐の話を聞くなり、川口は天を仰いだ。

〈……まずいで……兄弟！〉

嫌な予感に襲われ、いても立ってもいられなくなった。いますぐにでも高知へ飛んでいきたいと思うのだが、どうする術もなかった。

「姐さん、そら、ヤツのあの性格や。葬式の用意しときや！　そう覚悟せなあかんぞ！」

川口が思わずそんな言葉を発していたのも、滝下という男の気性を誰より知り尽くしていればこそであった。

川口の非情とも言える言葉に、電話の向こうで彼女が一瞬、息を呑む気配があったが、すぐに気丈にも「わかりました」と応じたのは、さすが滝下の女房だった。

一睡もできないまま川口は、夜が明けると、大阪空港から朝一番の高知行きの飛行機に乗り込んだ。

〈兄弟……頼むさかい、死に急ぎせんといてくれよ……〉

川口が初めて滝下と出会ったのは、4年ほど前、ともに姫路少年刑務所に服役していたときのことだった。

最初2人は工場も舎房も別々であったのだが、滝下が喧嘩で懲罰房に入ったのを期に、川口と同じ雑居に転じてきたのだ。

「……滝下健夫と申します。よろしうお頼み申します」

滝下の挨拶は、20歳そこそことは思えぬほど堂に入ったものだった。

川口は滝下と初めて顔を合わせ、言葉を交わしたときから一瞬のうちに、

〈ああ、この男とは生涯心と心の付き合いができそうだ〉

と感じ入り、強く惹かれるものがあった。

それは滝下も同様に感じとったようで、日々接していくうちに、2人は肝胆相照らす仲となっていく。やがてどちらからともなく、兄弟分の契りを――との話になり、シャバでの再会を約束して、2人はガッチリ手を握りあったのだった。

「葬式の用意しとき!」と言った川口の予感は、図らずも適中してしまった。

滝下の惨殺死体が、高知市に隣接する吾川郡春野の海岸で発見されるのは、3月17日午前8時ごろのことだった。砂と五色石が混ざった美しい浜として知られる同海岸に石を採りにきた婦人が、波打ち際に浮かぶ滝下の死体を見つけたのだ。

その遺体は荷造り用の細い麻ヒモで肩から足先まで全身をグルグル巻きにされ、縛られていた。その麻ヒモは首にも数回巻かれて食い込み、両手も前に出した格好で縛

られ、左喉と顔面に数ヶ所、刃物で刺された傷があった。

滝下の遺体は、他殺死体を見慣れた刑事でも、「これはひどい……」と思わず声を上げたほど無惨なものだった。

解剖の結果、死因は溺死、死亡推定時刻は午前零時ごろと判明、つまり拉致された後、2時間にわたって凄惨な暴行を受けた末の壮絶な死に様であった。

その間、滝下はただの一度とて泣きを入れなかったばかりか、殴る蹴るとさんざん痛めつけられている最中も、

「オレを生きて帰したら、おまえらを必ず殺しちゃるき！」

と言い続けた。

ついには麻ヒモで全身をグルグル巻きに縛られ、海岸へと連れ出された。が、そこでも相手方の、

「助けてやるから泣きを入れろ！」

との要求を峻拒して、滝下は突っ張り通した。

これには相手方も、もう殺るしかない——と決断せざるを得なかった。意地と意地とのぶつかり合いである。

彼らは滝下を匕首で刺し、喉を締め上げたうえで、高さ6メートルの防潮堤上から砂浜へと投げ落としたのだ。挙句は波打ち際まで引きずりこんで海中へと放り込み、溺死させるに至ったのだった。

「……いまに見ちょれ……おまえらみんな……」

息絶え絶えになりながらも、最後の最後まで滝下の口から出たのは、命乞いの言葉ではなかった。

滝下を知る誰もが思った「やっぱり殺られたか」

滝下が殺されたことを知ったとき、彼を知る高知県警の刑事たちの反応は一様に、

「ああ、やっぱり殺られてしまったか……」

というものだった。彼らに予測させるほど、普段から滝下の行動は突出しており、刑事たちをして「土佐の夜桜銀次」と言わしめた男が滝下健夫であったからだ。

池澤望組長が獄中にあって留守の間、滝下は抗争中である地元の大組織・三代目山口組豪友会に対して、敢然と挑むような行動をとり続けた。相手幹部の屋敷に拳銃を

撃ち込むなど、かなり無茶なことをやってのけていた。

前年の昭和52年夏、侠道会高知支部長をつとめる池澤組長が保釈で出所して池澤組の看板を掲げてからというもの、組長の留守を守らなければならないという重圧から解放されたためか、滝下の行動はさらに過激さを増したのだ。

相手は天下の三代目山口組若頭補佐をつとめる中山勝正会長率いる豪友会。構成員数においても組織力にしても、侠道会池澤組とは圧倒的な差があった。

だが、滝下にすれば、そんなことはまるで関係ない。まっすぐな性分で、土佐の〝いごっそう〟（頑固で気骨のある男）を地で行き、敵が巨大であればなおさら闘争心を燃え立たせて立ち向かうタイプであった。

それは相手側にすれば目にあまる行為であり、決して黙って見逃しておけることではなかった。

少しばかり度の過ぎた「土佐の夜桜銀次」ぶりを危惧したある刑事は、何度か滝下の妻に、

「このままでは殺られるから、亭主をどこかへ隠しておけ」

と注意を促したほどだった。

毎月1回、高知と大阪を行き来するようになって、川口和秀会長も滝下の置かれている状況を知るにつけ、その身を案じて自制を求め、最後は、

「兄弟、しばらく大阪におったほうがええ」

と強く提言したのだが、そんな矢先の事件であった。

滝下の死は、侠道会にとっても、兄弟分の川口会長にとっても、痛恨きわまりないものであったが、一方で豪友会が受けた打撃も大きかった。

事件から2週間後の3月末までに、犯行に加わったとして逮捕された豪友会関係者は11人にも及んだのだ。

川口会長には思い当たることがあった。姫路少年刑務所時代、滝下とよく話題にしたのは、東組の先輩組員がよその大組織に拉致されたときに見せた、親分・東勇の胸のすくような所業であった。

相手方から、

「おまえんとこの者、攫《さら》とるんやが、この始末、どないさらすんじゃ!?」

と威丈高な苦情の電話が入ってきたとき、東勇は間髪容れず、

「こらあ、戸板に乗せて来んかい!」

「おどれら皆、長い懲役に行きさらせ！」

とカマシあげたこと。「戸板に乗せる」とは殺すという意であった。

そんな初代清勇会東勇会長の見事な所作に絡めて、2人がよく語り合ったのは、拉致されたときの身の処しかた、最期の所作はどうあるべきかといったことだった。

「同じ殺されるなら、相手方に1人でも多くのダメージを与える死にかたをせないかん」

と確認し合ったものだが、まさしく滝下の死こそ、それを実践したもの――と、川口会長は思いあたったのだ。

それは殺した側をも内心で唸らせるような見事な死に様であった。

川口会長をして、

《私は生きる長さに価値があるとは思っておりません。短くとも、その中身だと思っておりますから、滝下は男前に死んだと思いますし、兄弟分として誇りに思っております》

と言わしめるような死であったのだ。

No.11

田中新太郎【工藤会田中組組長】

3度目に斃れた北九州伝説の武闘派

九州北部を揺るがす銃声。戦闘服男が短銃乱射

昭和54年の暮れも押し迫った12月23日午後5時20分過ぎのことだった。

39歳というバリバリの働き盛りの年齢の男は、北九州市小倉北区赤坂のマンション1階102号室の奥の15畳の居間でコタツに入り、テレビを見ていた。

その部屋の住人である愛人も一緒だった。彼女はクラブを経営していて、店に出る前であった。

折しも外は、朝から降り続ける雨が一層激しくなっていた。

男は、玄関から聞こえてきた不意の物音に、「ん？」と不審の面持ちになった。

玄関の鍵は間違いなく掛けたはずで、女にも確認をとっていた。男は過去に2度襲撃されたこともあって、用心深くなっており、つねに警戒は怠らなかった。

ところが、開かないはずの玄関の鉄扉が突然開いて、1人の男が侵入してきた。雨に濡れた紺の戦闘服姿。年齢は30歳くらいか。身長はおよそ165センチ、青白い顔で、頭髪は五分刈り、目つきが鋭かった。

戦闘服の若者はブーツのような靴を履いたまま、土足で居間にあがりこんできたのだ。

「あっ、お前は!?」

男は、侵入者が誰か思い当たったようだった。

その若者がすばやく戦闘服から取り出したものを目にしたとき、男はすべてを察した。

〈オレを殺しにきたと!〉

と、立ち上がろうとしたときには遅かった。

侵入者は両手で拳銃を構えると、男に向けてそれを突き出した。立ったまま腰を落とし、いわゆる拝み撃ちのスタイルであった。

その距離1メートル。ヒットマンが両手にはめた白い手袋がなぜか鮮やかだった。傍らの女が事態を察し、恐怖の悲鳴をあげるのと、銃口が火を噴くのが同時であった。1発、2発。

拳銃は消音装置付きの米国製スミス・アンド・ウェッソン、回転式38口径5連発であった。

銃弾は男を正面から直撃し、その頭とこめかみから血が噴き出た。狙撃者は続けて相手の腹、胸めがけて2発、銃弾を放った。後の2発も確実に男にヒットし、彼は炬燵の横に俯せに倒れた。ほぼ即死状態であった。

この男の名は、田中新太郎と言い、北九州市小倉北区に本部を置く北九州有数の強豪組織・工藤会（工藤玄治会長）の最高幹部の田中組組長だった。

当時、飛ぶ鳥を落とす勢いにあった売り出し中の男であった。

田中新太郎組長はまさにこれからというとき、39年の波瀾の生涯を閉じたのである。あっという間の出来事で、狙撃者が現れてから1分にも満たなかった。

ヒットマンは〝仕事〟を終えると、すぐさま玄関に走り出た。玄関口で見張りをしていた仲間とともに表に出ると、駐めてあった乗用車に乗り込み、降りしきる雨の中を逃走したのだった。

小倉北署はただちに全署員4百人を動員、小倉北区内にある関係組事務所計13ヶ所で徹夜の警戒を続けた。

同区明和町の田中組事務所には10人、同組と同じ工藤会系の同区黄金町の八坂組（八坂顕組長）事務所には、盾を手にした武装警官約40人が張りついた。いずれも鉄カブトや防弾チョッキに身を包んだ完全武装だった。

また、同区内だけで計約50ヶ所の検問所を設け、同日深夜まで通行車両の1台、1台を厳重にチェックした。

首領を突然失った田中組事務所前は、またたく間に外車や大型乗用車約15台がビッシリ並んだ。事務所に通じる路地の入り口には戦闘服姿の若い組員が目を凝らし、ピリピリした空気に包まれた。

田中新太郎組長射殺事件の現場となったマンションには、紺色の戦闘服やジャンパーなどを着込んだ組員たちが、事件を知って車で次々と乗り込んできた。が、玄関に通じる正門前にはロープが張られ、機動隊によって完全にシャットアウトされた。

興奮した組員たちは、

「親分が死んだのに、なぜ部屋に入れないんか」

と怒声を浴びせ、機動隊員と、

「入れんか!!」「入れられない!」

との応酬が続いて、約1時間にわたって睨み合う一幕もあった。

2日後の25日、田中組長を襲った2人組が八幡西区の折尾署に出頭、殺人容疑で逮捕された。2人は日頃から田中組と反目している草野一家(草野高明総長)系の22歳と33歳の極政会組員であった。

2人の自供によると、10月初め、2人の親分である極政会溝下秀男組長が、外車に乗って小倉北区鍛冶町の繁華街を走っていたとき、田中組の組員数人と遭遇。彼らから因縁をつけられてトラブルとなり、乱闘騒ぎになった。その報復のために田中組長を襲撃したという。


2度の死線を越えるも3度目の襲撃に倒れる

この時期、心ならずも反目する形となっていたが、もともと工藤会工藤玄治会長と草野一家草野高明総長は親子の間柄にあった。

工藤玄治を組長、草野高明を若頭として工藤組が結成されたのは昭和24年のこと。その後、工藤組は北九州に盤石の地盤を築きあげていく。

だが、小倉を始めとする5つの市が合併し、北九州市が誕生したころから、山口組が九州侵攻を開始する。工藤組は一歩も引かず、必然的に両者は衝突。血で血を洗う抗争は激しさを増し、多くの死傷者を出すこととなる。

そんな一連の抗争の過程で起きたのが、昭和38年11月、山口組系組員を殺し、小倉南区北方幸町の紫川に捨てたとされる、いわゆる〝紫川事件〟であった。草野はこの事件で、殺人教唆で懲役10年の刑を受けるのだ。

昭和41年、草野若頭は獄中において、親分の工藤組長に累が及ぶのを避けようと、工藤組脱退、並びに草野組解散を声明。だが、その真意が工藤組長に伝わらず、2人の決裂の原因になったと言われる。

昭和52年5月、草野は10年の刑をつとめあげ、高知刑務所を出所する。が、工藤会（紫川事件以後、工藤組を改称）からの出迎えはなく、代わって放免祝いをしてくれたのが、仇敵のはずの三代目山口組田岡一雄組長であった。

同年10月、草野は草野一家を結成したが、工藤会との仲は冷えたままだった。

逆に草野総長と山口組との縁は深まって、福岡市の三代目山口組の直参である伊豆組伊豆健児組長との兄弟盃が生まれることになる。その兄弟盃の儀式が執り行われたのは昭和54年12月21日のことで、工藤会工藤玄治会長も出席した。

そのころには工藤会長も、草野総長の獄中での引退・解散の真意を深く知るところとなったからだった。

だが、その兄弟盃の2日後に、惨劇は起きる。それが工藤会でメキメキと頭角を現していた田中組田中新太郎組長射殺事件であったのだ。

田中新太郎が命を狙われたのは、これで3度目に当たった。

最初は50年2月7日午前零時過ぎ、小倉北区清水町の県道を、田中組長が愛車を運転中のところだった。大分県ナンバーの車が右側を追い越しざま、窓から短銃2丁を突き出し乱射、逃走したのだ。

田中組長は無事だったが、助手席に乗っていた女性が、右肩や胸などを撃たれて重傷を負った。

2度目は同年8月12日午後9時頃、田中組長が組員と車を連ねて、若松区白山1丁目の若戸大橋ロータリーを通過中のときである。

ロータリーの花壇の中からカーキ色の戦闘服を着た男2人がいきなり飛び出し、車めがけて短銃を乱射したのだ。

組長の車は猛スピードで若戸大橋の戸畑側料金徴収所の車止めを突き破って疾走。田中は危うく難を逃れた。

2度とも対立組織（2回目は山口組系組織）による狙撃であったが、田中組長はかすり傷ひとつ負わない不死身ぶりを見せていた。

以来、田中は、自分と似た組員を、〝影武者〟に仕立ててボディーガードにするなど、襲撃に備えて用心深くなっていたといわれる。

3度目の刺客による襲撃からは逃れられず、頭、腹、胸などに銃弾を浴び、凄惨な最期になった。とくに頭への銃弾は頭頂部からとどめを刺すように撃ち込まれていたという。

それは北九州伝説のヤクザとして語り継がれる男の名に適った壮絶な死であった。

No.12

阿部六郎【初代阿部組総長】

自ら首の動脈を掻き切るサムライの所作

東北ヤクザ界の語りぐさとなる「自裁」

平成23年3月11日に発生し、2万人を超える死者と行方不明者を出した東日本大震災の被災地となった宮城県石巻市。

当地にはかつて「石巻にこの人あり」と謳われた伝説的な親分が存在した。名を初代阿部組阿部六郎総長という。

その死に様もまた生き様同様、サムライの所作を貫いた見事さで、いまも東北ヤクザ界の語り草となっている。

阿部六郎が柳刃包丁で自らの首の動脈を掻き切って壮絶な自決を遂げたのは、昭和

55年2月19日のことだった。

その日、阿部の妻が買い物のため自宅を出たのは、午前11時ごろであった。それとて阿部が頼んだ用事で、自宅には1人、阿部だけが残された。

たまたまその時分、阿部は石巻市街から少し外れたひよりが丘という山のほうに自宅を新築中であったから、すぐ近くで借家住まいをしていた。阿部が「山の親分」「山の六さん」の愛称で呼ばれるゆえんだった。

買い物を終え帰宅した夫人は、家が静まりかえっているのを訝しんだ。声をかけても夫の返事がなく、自宅には誰もいる気配がなかった。

夫はどこかへ出かけたのだろうかと思いながら、居間から台所へと通じる障子戸を開けたところで、夫人は息を呑んだ。

夫・阿部六郎が倒れており、

「あなた！」

と呼んでも、すでに息はなかった。

阿部は首から流血し、その手には血染めのタオルが握りしめられていた。

夫人は気が動転し、いったい何が起きたのか、わけがわからなかった。

すでに自裁の決意を固めていた阿部は、夫人が外出した後で、台所の床に正座し自ら首の動脈を掻き切ったのだ。首から流れ出る血をポリバケツに受けて自ら始末しつつ、使った包丁を洗って台所の棚に戻した。

後に残された者に、後始末などで極力迷惑かけないようにとの配慮からだった。その間ずっと首の傷口をタオルで押さえたままであったから、血の海となるはずの床にはほとんど血の跡が見られなかったのだ。

やがて阿部は絶命に至ったわけだが、その事実を知ったとき、人は驚愕し、言葉を失った。

「なんという気力、なんという精神力なんだろうか！　果たして人は、自らの首の動脈を掻き切った後、そのような行為が可能なのだろうか。いままさに死にゆく身で、身も世もあらぬ激痛のなか、自分のことよりも残された者にそんな気遣いができる男がいるとは！　阿部六郎という親分は最後の最後までサムライだった！」

とは、地元関係者の共通の思いであった。

では、阿部六郎総長はなぜ自裁を遂げたのだろうか。

石巻に基盤を築いた「愚連隊の神様」

大正14年生まれの55歳。脂も乗り切った年齢を迎え、渡世においても抗争の火種やトラブル、何ら憂いもなく安定しており、自宅新築中ということからもわかるように、すべてにおいて充実した時期であった。

健康にも問題なく元気そのもので、もとより借金もなく、自裁しなければならない理由は何も見当たらなかった。

夫人にも阿部組の身内にも、阿部の死に思い当たるフシはなかった。阿部からもその兆候さえ感じられなかった。

そのため、警察は当初、抗争事件を疑ったのだが、発見された柳刃包丁からは阿部の指紋しか出てこなかったし、状況から見ても自死以外に考えられなかった。

自宅の机からは阿部の遺書も出てきて、阿部組幹部たちに宛てたそれには、

「すべて川崎永吉兄貴の指示に従うように」

とあったという。

もともと阿部六郎総長率いる初代阿部組は、どこにも属さぬ一本独鈷《どっこ》で、組名のりもしない愚連隊時代が長かった。

戦前、二見豊太という親分が「豊太一家」をつくって石巻を中心に仙北一帯を押さえ、戦後は、その実弟の二見博が「二見鳳輦《ほうれん》一家」を興して石巻で勢力を持っていた。この豊太一家、二見鳳輦一家という二見兄弟の興した一家の流れを汲むのが、阿部組なのだった。

二見博は戦後の石巻において、「愚連隊の神様」とも呼ばれたカリスマ的な人物だったという。この二見博の筆頭舎弟が、若き日の阿部六郎であった。

次は当然、阿部が二見の跡目をとるはずだったのだが、当時、二見家には、市会議員をつとめる者やカタギの名士がいて、二見の名を使うのはまずいという話になった。そのため、二見博が亡くなってから10年ほどは跡もとらず、「阿部グループ」として愚連隊を通していたのである。

そんなとき、一家の後見人になってくれたのが、阿部六郎の兄貴分にあたる東京盛代宗家四代目川崎永吉であった。

川崎から、

「いつまでも愚連隊ではダメだろう。機は熟したんだから、初代阿部組として看板を掲げたらどうだ」

と勧められ、昭和45年、川崎の尽力もあって、初代阿部組結成の書状披露がなされ、初代阿部組は晴れて業界公認の存在となったのだった。

いわば川崎永吉は阿部組創立にあたっての恩人で、阿部が自裁に際し、

「今後は川崎の兄貴にすべて従ってやるように」

との遺書を遺したのもむべなるかなであった。

阿部六郎の自裁は、初代阿部組を結成して、ちょうど10年後のことであった。

初代阿部組はテキヤだらけの東北ヤクザ界にあって珍しい一本独鈷の博徒一家として、確固とした地盤を石巻に築いていた。

「阿部六郎という親分は、地元のカタギの人たちからは絶大な人気がありました。弱きを助け強きをくじくという、いかにも昔タイプの侠客で、人が困っているのを黙って見ていられない。自分がどんなことになろうとも、力になってやろうとしてましたね。それでいて、助けてやっても報酬は一切受け取らない。金なんか持ってきたら、怒って放り投げてしまうような親分でした」

「男っぷりもいいし、背も180センチくらいあってね。なにしろカッコよかったですよ。航空パイロットが着るようなつなぎを着て、戦闘帽を被って、二丁拳銃を持って街中を歩くんですからシビれましたね。着物姿もカッコよくてね。地元の不良少年はみんな憧れましたよ」

といった地元消息通の声も聞こえてくる。

阿部六郎総長が自死を遂げた2月19日という日は、阿部の亡き母の命日でもあったという。

「早くからこの日を決行日として決めていたのかも知れないですね。阿部組は身内が、3月に料理屋を開店する予定だったんですが、総長は、おまえ、もっと早くしろと2月10日ごろにはオープンさせて、花輪を贈った上に自ら開店祝いに駆けつけてましたから。人も集めてね。そりゃもうあり得ない話でね、派手なことを嫌う人で、身内で開店祝いで人を集めるなんてことになったら、烈火のごとく怒るような人でしたから、いくら苦労させた子飼い幹部の店とはいえ、考えられないことで、皆びっくりしたもんです。もうそのころから決断していたんでしょうね」

とは、関係者の回顧談である。

むろん、なぜ自裁したのかは、当人しか知るよしもないこと。ただ、その自裁が、見事なサムライの所作であったことが、いかにも阿部六郎という親分の生き方をも反映していよう。

享年55。戒名は、天翔院義雲大龍居士であった。

No.13

高山雅裕【二代目木下会会長】

姫路駅前の惨劇
――9発の銃弾が悉く命中

正確無比の9発の銃弾、一発も外さずに標的に命中

惨劇は国鉄姫路駅前で起こった。

昭和55年5月13日夕方6時過ぎ、二代目木下会高山雅裕会長は、姫路市東駅前町の事務所を出て、十二所前線に停めた車に乗り込もうとした。

十二所前線は姫路駅から北に2百メートルへだてて東西に走る市道であった。そのあたり一帯はショッピング街で、木下会事務所もその一角にあった。

高山雅裕会長を囲むようにしてつき従うボディーガードは4人。そのうちの1人が車の後部ドアを開け、高山会長が片足をかけたとき、事件は起きた。

いきなり小走りに近づいてきた3人組がいたのだ。彼らは黄色っぽい作業服や白っぽいサファリスーツに身を包み、手に拳銃を握りしめていた。

3人の男たちは、思わず振り返った高山会長めがけ、拳銃を発射した。銃弾は確実に会長を捉え、彼はその衝撃でバックシートに倒れ込んだ。

と同時に、3人組は容赦なくボディーガードたちをも襲った。「パーン！」「パーン！」という銃声が9発。その銃弾によって、4人のガードは一瞬のうちに地に倒れた。

3人のヒットマンが放った銃弾は都合9発。それは1発も外れることなく、会長以下5人の木下会メンバーに命中していた。

高山雅裕会長が受けた2発の銃弾のうち1発は右胸から心臓に達し、致命傷となったのだった。

ボディーガード4人は、37歳の組員が、頭と右頸部から肺を撃ち抜かれて即死同然であった。他の3人は木下会の理事長補佐、理事などを務める幹部だったが、いずれも瀕死の重傷を負った。

ヒットマン3人組は十二所前線を西へ向けて走り、小溝筋商店街を駅の方に逃げ、そのまま行方をくらました。

男たちは姫路を本拠とする三代目山口組竹中組の暗殺部隊であった。

事件現場はちょうど会社のひけ時でもあって、帰宅のサラリーマンや買い物客などで賑わっていた。

「神戸新聞」は事件をこう報じている——。

《ギャング映画を地で行く凄惨な暴力シーンを市民の目にさらし、付近住民や勤め帰りの市民を恐怖のどん底に陥れた。血を流してうめく組員、けたたましく走り回る救急車、一瞬にして地獄絵図と化した現場を遠巻きに、市民らは一様に引きつった面持ち。「巻き添えの被害が出なかったのが不思議なくらい」「なぜ、こんなことが……」と、のさばる暴力団抗争にやり場のない怒りをぶちまけていた》(昭和55年5月14日付)

撃たれた高山会長らはただちに病院に運び込まれたが、高山会長と37歳の組員はすでに息がなかったという。

高山雅裕会長は55歳という脂の乗りきった年齢にあった。

手打ちの解釈を巡る齟齬が引き起こした凶事

この、世に言う〝姫路事件〟はなぜ起きたのか。発端は4ヶ月前、この年の1月10日にさかのぼる――。

《木下会はことし1月10日、同会傘下の平岡組（本拠・岡山市）組員がなわ張りなどをめぐる争いから津山市内で、山口組系竹中組組員ら2人を射殺する抗争事件を起こした。この抗争事件は同月中ごろ、平岡組が竹中組に数百万円の〝わび料〟を出すなどして〝手打ち〟がすんだとされていたが、兵庫県警は両組の緊張関係が続き、対立抗争が再燃した疑いが強いと見ている》（「山陽新聞」5月14日付）

この新聞記事にあるように、姫路事件の4ヶ月前、岡山県津山市で竹中組津山支部と木下会平岡組との間で抗争事件が起きたものの二次抗争には至らず、手打ちが行われたのは確かなところ。

だが、その手打ちの解釈を巡って、双方に明白なくい違いがあったのも事実のようだ。

その津山事件が勃発したとき、ともに姫路に本部を置く竹中組と木下会との間に入って和解話を進めたのは、やはり同じ姫路の山口組の長老である三代目山口組舎弟・湊組湊芳治組長であったという。後に山口組四代目となる竹中正久組長にすれば、姫路の先輩にあたる人物だ。

木下会の高山雅裕会長は、「どんな事情があるにせよ、殺したのはうちが悪い」として、殺害した組員の所属する平岡組平岡篤組長の小指と香典を差し出した。さらに湊組長の仲介で竹中組長と直接会った高山会長は、

「すまんことをしました」

との詫びを入れたのだ。

そのうえで、事件に関与した組員を絶縁する旨を申し出たのである。

が、そのとき、立ち会いの湊組長が、

「絶縁までせんでも、ええやないか」

と口を入れたという。

「絶縁」までしなくても、まだ復帰の可能性が残された「破門」でいいのではないかというのが、湊組長発言の真意だったとされる。

竹中組長の理解も同様であった。

ところが、高山会長はこれを、

「何も処分しなくていい」

と都合よく解釈したようである。

竹中組としては関係組員の破門状がいつまで経っても回ってこないことに苛立ちを感じだし、ついにはそれが怒りに変わった。

手打ちの条件は不履行であり、取りも直さず、竹中組を安く見ているのも同然ではないか——と。

こうして起きた悲劇が、高山会長射殺事件であった。

関西二十日会に所属、鮮明な「反山口組」の旗幟

当時の木下会は、反山口組色の濃厚な関西二十日会に所属していた。

木下会の源流は木下亀次組長の木下組で、昭和30年代に山口組と覇権を競った本多会の系列組織だったこともあるという。

高山雅裕会長は戦後いち早く木下組に身を投じ、昭和34年ごろ、先代の引退にともない、二代目を襲名したと言われる。

それ以後、本多会系列の強豪組織として昭和34年から36年にかけて山口組系列組織

との流血抗争を起こしている。

その後、上部団体の二代目本多会が大日本平和会へと再編された際に独立、さらに昭和45年に西日本の地元独立組織で結成された関西二十日会に加盟した。

木下会はもともと「反山口組」の旗幟を鮮明にしてきた組織と言える。が、40年代に入ってからは、山口組系との小さなトラブル程度のものはあったとしても、大きな抗争に発展したことはなかった。

そこへ起きたのが、〝津山事件〟であった。

手打ちは一応済んだとはいえ、高山会長は身辺に竹中組ヒットマンの影を感じ取ったこともあったようで、用心は怠っていなかった。姫路市本町の自宅はすべて防弾ガラスにし、長らく事務所にも顔を出さないようにしていたという。

だが、事件当日はたまたま2週間ほど前に結婚式を挙げた次女のお礼の挨拶まわりで、市内の知人宅を訪れていた。その帰りに事務所に立ち寄り、帰宅しようとしていたものだった。

そこを竹中組ヒットマンの待ち伏せ攻撃にあったのである。壮絶な最期を遂げて、高山会長は55年の波瀾の生涯に幕を閉じたのだった。

No.14

伊藤武夫【伊藤会会長】

脂乗り切った万事上々の渡世
屈指の実力者を突如襲った凶弾

サウナでくつろぐ大物組長。渡世上の煩いもなく万事上々のはずが……

この夜――昭和56年3月23日夜、松山市の有力ヤクザ組織・伊藤会のドン、伊藤武夫会長の姿は、市内最大のネオン街である二番町一丁目のダイナプラザビルのサウナにあった。

伊藤会長がガード役の組員3人とともに同サウナへ入店したのは、夜8時過ぎだった。

同ビル4階のサウナへ入り、たっぷり汗を流した後は、3階のマッサージ室でマッサージ嬢から入念にマッサージを受けた。

それが終わると浴衣に着替え、休憩室に入ってくつろいだ。ガード役の組員3人も一緒だった。

伊藤会長はときには組員と談笑し、終始リラックスしていた。このとき休憩室には、伊藤会長ら4人の他には、客が1人、マッサージの女性が2人、計7人がいた。

伊藤会長は足置きのあるソファーに座り、目を閉じ雑念を追い払うように四肢を伸ばした。42歳の男盛り。厄年といわれる年齢でもあったが、脂も乗りきって、このころは渡世上の煩いごともなく、万事上々で、まずは充実したヤクザ人生の途上にあった。

新築中だった事務所もこの日完成し、伊藤会長はその立派な造りに、

「これでワシの城もできた」

と満足していたといわれる。

気持ちのいい汗をかき、マッサージで隅々まで身体を揉みほぐしてもらい、伊藤会長は心身ともに爽快であった。

時刻は間もなく午後10時45分になろうとしていた。

そのとき、いつのまに休憩室に入室したのか、伊藤会長の背後からいきなり近づいてくる1つの影があった。

身長160センチくらい、スポーツ刈り、色黒で、黒っぽいブレザーと黒ズボンを身につけた、年のころ、30歳ぐらいの男であった。

「何だ!?」

ガードの組員が気づいて身構えたときには、男の手に握られた38口径の拳銃が火を噴いていた。

黒ずくめの男は無言で拳銃を4発発射、そのうち2発が伊藤会長の身体に命中した。

「パーン!」「パーン!」

男はすばやくその場から逃走、25口径拳銃を持った1人のガード組員もこれに応射し、男を追ったが、追いつけなかった。

男が4発放った弾丸は、2発が伊藤会長の背中に命中、うち1発は背中から左腹部を貫通し、もう1発は腹部内に留まっていた。

伊藤会長はただちに市内の松山赤十字病院に運ばれ手術を受けたが、翌24日午前8時過ぎ、出血多量で死亡した。

二次抗争を強く懸念した松山東署と県警捜査二課は、同署内に「暴力団会長殺人事件捜査本部」を設置し、機動隊なども動員、警察官3百人で徹夜の警戒に当たらせた。

また、同本部は、伊藤会長が襲われた際、ボディーガードの同組員が男に向かって応射した疑いが強くなったため、同日午前8時から同市此花町一丁目の同会事務所など3ヶ所を銃刀法違反容疑で捜索した。

同捜査本部長は、

「組同士の対立とは思えない。即座に二次抗争に結びつくとは考えていないが、厳戒態勢はこのまま継続する。早期に容疑者を割り出し、逮捕したい」

とのコメントを出したが、一方で、この事件を8年前の昭和48年1月、道後公園で起きた伊藤会による柳川組柳川重男組長射殺事件との関連で見ていたのも確かだった。

伊藤会は8年前に柳川重男組長を射殺し、抗争の末、柳川組を解散に追い込んでおり、今回の伊藤会長襲撃の背景には、同抗争が影響しているとの見方も否定できなかったのだ。

そしてその見方はズバリ的中する——。

射殺犯は対立組織幹部、柳川重男射殺事件の8年越しの仇討ちか

25日になって、襲撃犯の身元が判明した。

捜査本部が、現場の松山市二番町のダイナプラザビルを検証したところ、居合わせた客やフロント係の証言の他に、4階更衣室のロッカーから犯人のものと思われる靴と掌紋を検出。照会したところ、伊藤会長と対立する石鐵会幹部（32）のものと判明、捜査本部はこの幹部を射殺犯と断定、殺人容疑で指名手配した。

幹部の所属する石鐵会は、解散した旧柳川組の幹部だった上田満寿蔵を会長として、51年4月に結成されたもので、伊藤会と宿命の対立を続けていた。

ちなみに前に取り上げた、昭和38年1月、松山市北京町のクラブ「ヤング」前で起きた渡部組高橋高美若頭射殺事件。その報復こそが、昭和48年1月の道後公園における柳川組柳川重男組長射殺事件であったとも言われる。クラブ「ヤング」事件で殺人罪に問われ、10年の刑期をつとめ終えた柳川重男組長が出所してきて3ヶ月後の事件であった。

この柳川組長射殺に対する石鐵会側の仇討ちが、今度のサウナ射殺事件であったわけだ。互いに10年、8年という長い年月をかけての報復で、凄まじい執念が感じられる。

「いや、正確に言えば、柳川重男組長殺しをクラブ「ヤング」前射殺事件の報復と見るのは、必ずしもあたっていないんじゃないか。クラブ「ヤング」前事件は渡部組の内部抗争であって、伊藤会長ももともと渡部組で、柳川重男組長の一統としてスタートした人だったからね。柳川組長が服役し10年留守にしている間に、兵藤会の兵藤卓也会長の舎弟となり、グンと頭角を現して、松山ヤクザ界屈指の実力者となっていたのが、伊藤会長だったんだ」

とは、地元消息通の弁だ。

伊藤武夫会長の葬儀は、25日午後1時から松山市桑原町の自宅で行われ、県内ばかりか、広島から友好団体の幹部を始め、高松、高知など県外からも組関係者が続々と参列、盛大なものとなった。県道から自宅に通じる坂道は、約3百人の金バッジ姿で埋まったという。

捜査本部は武装した私服警官など50人を派遣、ボディチェック等をして警戒に当たった。

「この葬儀を機に、伊藤会側の報復行動が本格化する恐れがある」

と見て厳戒態勢を敷いたのだが、抗争拡大の危惧をはらんで、以後、両組織は3年間にわたって対立関係を続けるところとなった。

だが、その間、双方に通じる関係者の、和解の糸口を求めた地道で熱心な和解工作は続けられ、ついにそれは3年後に実を結ぶことになる。

59年4月、道後のホテルで、俠道会森田幸吉会長を取持人として、二代目伊藤会と石鐵会との和解式が挙行されたのだった。

それにしても、松山市で起きたこのサウナ射殺事件は、思わぬ余波を生んだ。この事件を機に、全国のサウナ店に、

《暴力団関係者、並びに刺青のあるかたの入場を固くお断りします》

なる看板が目につくようになり、組関係者をシャットアウトするサウナ店が増えていったのだ。

サウナ好きが多いと言われるヤクザにとって、これはとんだ〝飛び火〟には違いなかった。

No.15

山本健一【三代目山口組若頭】

三代目に尽くし、獄中死同然に逝った「日本一の子分」

「ワシの願いは日本一の親分のもとで、日本一の子分になることや」

とは、「日本一の親分」三代目山口組田岡一雄組長に生涯を捧げた〝山健〟こと山本健一若頭が死ぬまで口にした信条であった。

日本一の組織を築きあげ、不世出のドンと謳われた田岡三代目が68年の生涯を閉じたのは、昭和56年7月23日のこと。

その約半年後の翌57年2月4日、あたかもそのあとを追うかのように山本健一若頭も、56歳を一期に、渡世一代の幕を閉じたのだった。

その死は、ある種の殉死であり、壮絶なる戦死といっても過言ではなかったであろう。

三代目山口組の若頭に就いてからの山健は、激務に次ぐ激務の連続であった。とくに抗争においては、すでに巨大組織となっていた山口組を鼓舞するために、自ら陣頭指揮を執らねばならなかった。

その最大の苦戦が、50年7月に二代目松田組との間で勃発した〝大阪戦争〟であった。

終局へのメドも立たぬ間に双方で数次の報復戦を繰り返していたが、53年7月、京都のクラブ「ベラミ」で田岡三代目が狙撃される事件が起きた。

松田組系大日本正義団組員の放った銃弾は、田岡組長の首筋をかすめたに終わったが、「ドン狙撃さる」に山口組はいきりたった。とりわけ最大のタブーを犯された山健若頭の怒りは激しかった。

山健若頭は肝硬変と胆石症の悪化で入院生活を余儀なくされていたにもかかわらず、ただちに松田組への〝報復隊〟を組織した。自ら教唆ぎりぎりの線まで抗争を指揮したのである。

「当時、山健若頭が『戦争しとるんはワシのとこだけやないか』と怒ったと伝えられるくらい、この大阪戦争に参加しとるのは圧倒的に山健組が多かったわな。このときの山健組組員の懲役年数を全部足したら、2百年近くなるといわれてるくらいや。懲

役16年とか14年、12年、10年と、10年以上がザラやった」(消息通)

と伝えられるほど、山口組の報復攻撃はすさまじく、松田組の犠牲者は8人にものぼったのである。

そして53年11月1日、神戸の田岡御殿に50人の報道陣を招じいれ、山口組の一方的な抗争終結宣言は行なわれたのだった。記者会見に臨んだのは、山本健一若頭、山本広若頭補佐、小田秀臣若頭補佐の3人であった。かくて4年ごしで繰り広げられた大阪戦争は、ここへ来てようやくピリオドが打たれた。

ところが、この一連の山本健一若頭の動きは捜査当局をいたく刺激し、ことに記者発表に至っては、

「暴力団ふぜいが舐めたマネを」

とその逆鱗に触れたのは間違いない。

実はこのとき山健若頭は保釈中の身であった。51年3月、恐喝、銃刀法違反などの5つの罪名で神戸地裁から懲役3年6ヶ月の判決を受け、ただちに大阪高裁に控訴、同時に「肝臓病が悪化、専門治療が必要」との理由で保釈が認められていたのだ。

大阪戦争という大きな試練を乗りきり、無理を重ねたことで、山健若頭の病状は悪

化こそすれ、少しも良くはなっていなかった。

それどころか、実際のところ、体調は最悪の状態で、記者会見のころは顔色もドス黒い感じになっていたという。

だが、山健若頭の負けん気の強さは天下一品、人に弱った姿を見せるのが何より嫌いな性分であった。弱みを見せたり、弱音を吐くのは、男にとって安目を売るのと同じで、山健若頭の美学が許さなかったのだ。

だから、記者会見に臨んでも、元気そうに見せるためにリンゲルを射ち、顔に艶の出るクリームを塗って出たのだった。

結局それが裏目に出て、警察は、記者会見であんな大層な口をきける以上、山健若頭は健康であり、仮病を使っているに違いない、テレビで見ても顔色はいいし、拘置に充分堪えられるやないか——と判断した。

こうして大阪府警は、山健若頭の収監状の発付を大阪高検へ請求。同高検の保釈取り消し請求を受けて、大阪高裁も「保釈取り消し決定」に踏みきった。

記者会見から2週間後の11月14日夕、東京での仮住まいにしていた文京区のマンションで山健若頭は収監されたのである。

山健若頭は、昭和54年5月から大阪刑務所において服役生活に入った。懲役3年6ヶ月の刑が確定したのだ。順当に刑をつとめ終えれば、出所予定は57年8月12日であった。

だが、その日はついに来なかった。56年7月23日の親分田岡三代目の死を、獄中の山健若頭が電報で知ったのは翌朝のことで、そのショックたるやどれだけのものだったか、容易に想像がつこう。

山健若頭の体調はその年の秋ごろには最悪期を迎え、体重は10キロ落ち、肝硬変特有のけだるさや肝臓周辺の痛みにも苦しめられていた。

なんとか体調を取り戻し年を越したものの、山健若頭の容体が急変するのは57年1月半ば過ぎである。激しい痛みと下痢、脱水状態に陥り、腹水がたまって腹はふくれあがり、肝機能はさらに低下、肝硬変の末期的症状を来たしていた。

18日、その身柄は大阪医療刑務所に移され、26日には刑の執行停止が決定した。大阪・生野区の今里胃腸病院に運びこまれた山健若頭に、危篤が宣せられたのはその4日後の1月30日のことだった。意識を失って眠り続け、以来、再び目を開けることはなかった。

それでも山健若頭は危篤を宣せられるまで、まわりの者には元気であることをアピールし続けた。

「ワシはまだ元気や、治るのや」

とトイレにも自ら立ち、水がいっぱいたまった腹を抱えて、廊下伝いに歩いて行ったという（到底そんな身体ではなかった）。

このカラ元気には、長年仕えてきた側近の者さえ、だまされかけたという。

山健若頭は最後の最後まで弱みを見せずに突っ張り通し、己の美学を貫いたわけである。

2月4日は未明から小雨になった。三代目山口組山本健一若頭が永遠の眠りに就いたのは、この日、午後1時14分のことだった。享年56。半年後の出所——四代目山口組継承を目前にしての死であった。

田岡三代目の娘さんの由伎さんが、著書『お父さんの石けん箱』（角川文庫）でこう述べている。

《最期のお別れ……お棺が開かれる。花を持った母の手が見る間にブルブル震え出した。震える手でお棺の中の健ちゃんのほほをなでて、「ようがんばったね。ありがとう。ケン……ケーン……」と泣き続ける母の背中が、なんだかとても小さく見える。思わず肩を抱くように手をかけた私にも、悲しみがどっとあふれてきた》

まさに山本健一若頭こそは、親分田岡三代目に捧げた生を生き、そのために闘いに闘いを重ね、その果ての戦死とも殉死ともいえる死をとげた――とはいえないだろうか。

No.16

井根敏雄【井根一家総長】

若者の挑発にいきり立つガード組員
偶然の諍いが、刺客にとっての好機に

万全の警戒に拘らず想定外のアクシデント

その夜、井根一家井根敏雄総長は、まさか自分の命を狙う者などいるはずがないと気楽な気持ちで警戒を怠り、油断していたわけでは決してなかった。

その証拠に、夜遅く地元の宮崎市のネオン街である上野町を女性と歩いていたときでも、一家の幹部ともう1人の組員をお伴に連れていたし、その後ろからは、組員数人が乗った護衛車がゆっくりとついて来ていた。

たとえ、総長を狙う暗殺者がいたとしても、手出しできるような状態ではなかった。ガードは万全であったのだ。

だが、総長にとって不運だったのは、この夜——昭和58年5月10日午後11時40分すぎに、まったく予期せぬアクシデントが起きたことだった。

女性1人を連れた井根総長ら4人の一行が、クラブやバー、トルコ風呂、ピンクサロンなどが軒を並べる地帯にさしかかり、交差点角のトルコ風呂「立花」の前へ来たときであった。

たまたま愛知県江南市から遊びにきていた若者のグループ5人と路上ですれ違ったのだ。

その際、無謀にも相手方の27歳の若者が、総長たちに、

「おお、おっさん、いい女連れてるじゃないか」

とお決まりのからかいの言葉を投げた。自分たちも女連れで酒も入っていることもあって、つい気が大きくなっていいところを見せようと思ったのだろう。

むろん相手が当時の宮崎県最大勢力のヤクザ組織を率いる親分とは、夢にも思わなかった。

「こらっ、小僧、誰に向かって物言っとっとか!」

総長側も1人若い組員がいたこともあって、ついこのグループの相手をしてしまっ

た。

「おっさんに言っとるんじゃ。てめえは関係ねえんだよ！」

「何だと！　コノヤロー！」

総長が止める暇もなく、喧嘩となるのだが、いくらツッパっても素人がヤクザに勝てるわけがなかった。

両グループが揉み合いになったのを見るや、後ろの護衛車からも組員が血相を変えて飛び出してきた。相手の27歳の若者は、哀れにも呆気なく護衛車に押し込まれ、拉致されてしまう。

「うわあ、何だ、いったい何なんだよ、あんたがたは……」

若者が酒に酔ってカランだ相手がとんでもないプロの連中と気づいて、酔いもすっかり醒めたときには手遅れだった。

「おい小僧、調子に乗り過ぎたいね。おしおきしちゃるけん」

「堪えてやんない。すみません。もうしません！」

泣いて詫びても若者は許されず、近くの元宮町の井根一家の事務所に連れ込まれ、少々手痛いヤキを入れられるハメとなった。

だが、この思わぬアクシデントこそ、井根総長にとって不運な出来事となった。

これによって護衛車が総長の側から離れ、残ったガードの組員たちの注意も、そっちのほうに向けられたのだ。総長の周辺にエアポケットのような一瞬の隙が生じたのは否めなかった。

もし、この夜、総長を狙う暗殺者がいたとしたら、またとない絶好のチャンス到来といってよかった。

そしてその暗殺者は、現実に存在したのだ――。

機会を見逃さぬヒットマンの強襲

刺客である彼らは、先ほどからずっと目と鼻の先の橘通りの入口あたりに停めた車から、ネオン街を歩いてくる総長一行の様子を窺って、ついに訪れたその襲撃チャンスを見逃さなかった。

「よし、行くたい！」

ヒットマンたちを乗せた黒塗りの乗用車は猛ダッシュし、井根総長たちのいるすぐ近くの道路中央で急ブレーキをかけて停車した。

1人がすばやく助手席から降りるや、総長へ向けて拳銃を構えた。38口径米国製スミス・アンド・ウェッソン短銃であった。

男は両手で拳銃を握り締めて前へ突き出し、拝み撃ちの姿勢をとった。拳銃を扱い慣れた者の所作だった。

「パーン！」

狙撃手の腕は確かだった。男の撃った弾丸は狙い通り、総長の左胸にヒットしたのだ。

ところが、その1発は総長の心臓を貫くことはなく、左胸のポケットで止まった。ポケットに入れていた48万円入りの分厚い革財布が銃弾を防ぎ、持ち主の命を救ったのだ。

それで終わっていたら、奇蹟の僥倖ということになったのだろうが、ヒットマンがそれを許さなかった。2発、3発と非情の引き金を引き続けた。

「パーン！　パーン！」

渇いた破裂音が宮崎市のネオン街に響き渡った。

その銃弾は確実に総長を捉え、1発が腹部を貫通し、1発はその骨盤まで食い込んだ。たまらず総長はよろめき、倒れた。

次いでヒットマンは、飛びかかろうとしてきた連れの幹部にも発砲、銃弾は幹部の肩を直撃し貫通した。

一連のことを瞬時のうちにやってのけた男は、すばやく乗ってきた車に飛び乗って逃走。あっという間の出来事だった。

撃たれた井根一家井根敏雄総長はすぐに病院に運ばれたが、医師たちの必死の手当にも拘らず、43年の激動の生涯を閉じたのだった。井根一家という宮崎県下の大組織であっただけに、「井根総長、射殺さる」の報はたちまち深夜の県下を駆け巡った。

二代目石井組からの絶縁状を巡る因縁

「いつかはこんな最悪の事態になるんじゃないかと心配していた。3ヶ月前から危機感はあった」

と感想を漏らす関係者も少なくなかったという。

関係者が指摘する3ヶ月前というのは、さる2月26日の未明、井根総長の実兄にあたる井根義秀組長の井根組事務所に拳銃が撃ち込まれた事件を指していた。

撃ち込んだのは井根一家組員で、なんと井根組と井根一家という実の兄弟同士が対立抗争状態になっていたのだ。

宮崎県警本部はただちに『井根一家総長殺害事件特別捜査本部』を設置、非常線を張って犯人を追及した。

翌11日午後9時過ぎ、国鉄宮崎駅待合室で挙動不審の19歳の無職の少年を職務質問、38口径米国製スミス・アンド・ウェッソン短銃を持っていたため、銃刀法違反現行犯で逮捕した。

調べでは少年は日南市の遠藤組組員で、

「井根総長を射殺したのは自分だ！」

と供述、右手からも硝煙反応が出たという。

遠藤組も井根組同様、当時の別府の三代目山口組二代目石井組（秋山潔組長）系列傘下であり、反井根一家と目されていたから、遠藤組の組員が井根総長を射殺しても不審はない——というのが、宮崎県警の見方であった。

「抗争は、三代目山口組の直参であった別府の二代目石井組から絶縁や破門処分を受けた組長を巡る複雑な背景があった。また、親の血をひく兄弟よりも堅い契りの義兄弟——といわれるヤクザの掟を地で行った抗争とも言われた」

とは当時の関係者の弁だった。

いずれにせよ、若くして大所帯を率い、いかにも九州男児らしく豪快な親分であったという井根一家井根敏雄総長。その死もまた壮絶で、劇的な最期であった。

No.17

河澄政照【愛豊同志会総裁】

手打ちを翌日に控えたその日に射殺された「東海のドン」

昭和58年7月26日、地元中京地区のみならず、全国の組関係者の間に衝撃が走った。愛知県の豊橋地方を制圧し、〝東海のドン〟とも称された運命共同会代表の愛豊同志会河澄政照総裁が、同日白昼、射殺されるという事件が起こったのである。

しかも、地元の対立抗争の調停役として瀬戸一家の小林金治八代目総裁宅を訪れ、手打ちの話を終え、帰ろうとして玄関を出た直後のことだった。

「仲裁人が折衝の道中で殺されるなんぞ、この渡世でも前代未聞。極道にあるまじき行為だ」

とは、事件を知った大方の関係者の声だった。

事件現場となった小林総裁宅（愛知県蒲郡市五井町西山海道）は、愛知県下で唯一の温泉郷・三谷温泉から、山の手に北方約3キロの地にあった。風光明媚な五井山の麓の斜面に建つ数寄屋造りの邸宅は、石垣で囲まれ、周囲には同地特産のミカン畑が広がっていた。

そのミカン畑のなかからストッキングで覆面をした3人の男が飛び出してきたのは、河澄総裁が小林総裁宅を出た直後――正午過ぎの午後12時20分ごろであった。

河澄総裁が小林総裁宅を訪れたのは、それより40分程前、正午前のことだった。抗争も落着し、手打ちへの最後の詰めを話しあうための訪問であった。2人の会談は和やかなものだったといわれる。

小林総裁宅を出た河澄総裁は、駐車場までの約20メートルを小林八代目と双方の幹部達とともに歩いて行った。

駐車場へあと一歩というところまで来たとき、突然3人組がミカン畑から飛び出してきた。何事かと彼らを見遣る河澄総裁。手に握られた拳銃と覆面姿。誰何する暇さえなかった。

3人組は2、3メートルの至近距離から河澄総裁を狙っていきなり拳銃を乱射したのだった。

河澄総裁は銃弾を腹部に受け、その場に崩れこんだ。そこへ1人がさらに近寄り、その真上からとどめの一発を放った。彼らの狙いは河澄総裁1人だった。

3人のヒットマンたちは、そのまま一目散に逃走した。河澄総裁のボディガードたちが、3台の車を駐車場から出そうとしたほんのわずかの隙を突いた一瞬の襲撃であった。河澄総裁が蒲郡市民病院にかつぎこまれたときには、銃弾3発を受けて絶命したあとだった。

河澄総裁はこのとき56歳。指導力、統率力、手腕ともども申し分のない頭領として、周辺の人望を集めていた。河澄総裁が間に入った調停は順調に進み、正式な手打ち式を明日に控えての事件だった。

ヒットマン3人組の行方はしばらく杳《よう》として摑めなかったが、約3週間後の8月18日になって愛知県警は、3人のうちの1人を殺人容疑で逮捕した。大方の推測通り、抗争当事者である瀬戸一家俠神会系の組員であった。

火ダネは3年前から

そもそもこの中京抗争の発端となったのは、河澄総裁射殺事件より40日ほど前の6

月18日午前2時ごろのことだった。

愛知県丹波郡大口町のスナックで、中京浅野会系組員ら3人が飲食中、カラオケの順番争いから従業員に対して暴行を働いたのだ。たまたまその店が瀬戸一家侠神会岩本組の息がかかっていたこともあって、店長の通報で岩本組の組員約10人が駆けつけた。彼らは3人組を袋叩きにした。

これが発端となり、その後、双方の間で関係者宅・事務所へのカチ込みや系列組長への発砲など、激しい報復戦の応酬があり、抗争はたちまち拡大していく。

「この間、軽傷者が出ただけで死者こそ出なかったが、銃声が鳴り止まなかった」（地元紙記者）

瀬戸一家侠神会系は瀬戸一家のなかでも有力組織の1つだった。なかでもこの抗争の直接の当事者となった岩本組は、侠神会きっての過激派で、愛知県津島市一帯を縄張りにしていた。

一方、中京浅野会は、愛豊同志会の河澄政照総裁の提唱で、テキヤや博徒を糾合して結成された運命共同会（河澄政照代表）に所属していた。名古屋市千種区に本部を置き、津島市に本部を置く瀬戸一家侠神会岩本組とは津島市一帯でシマが競合する形となっていたのだ。

　両者がぶつかったのも、今回が初めてではなかった。実は因縁があって、3年前の昭和55年にも、岩本組の中京浅野会系組員の引き抜きをめぐって、両者の間に抗争が勃発、死者1人を出していた。カラオケの順番争いというたわいもないことの背景には、両者の根深い対立があり、それが一挙に火を噴いてしまったのである。

　だが、拡大激化が懸念された両者の抗争も、翌7月初旬になると、ようやく地元筋による〝手打ち〟の動きが出てきた。仲介の労を買って出たのは、稲葉地一家の伊藤信雄総裁と平野屋一家の佐藤安高総裁代行の2人で、瀬戸一家の小林金治総裁、中京浅野会の属する運命共同会の河澄政照代表の意を汲んでのものだった。この動きに呼応して、俠神会、中京浅野会もいったんは停戦状態に入った。7月中旬、俠神会、岩本組、中京浅野会のトップがそれぞれ地元署に出頭し、抗争の終結を申し入れた。

　かくて抗争は終わったかに見えたのだが、一連の抗争で最も大きな後遺症を残したのが、岩本組だった。抗争の火付け役として責任をとらされた形の岩本組長は瀬戸一家を離脱。俠神会会長も会長の座を降りた。

「瀬戸一家を離脱した岩本組長はカタギになるとの条件だったが、自ら愚連隊・岩本組を名のって抵抗の姿勢をとった。岩本組内部からも片手落ちの決着とだいぶ強い不満の声があがっていたらしい。抗争の火ダネは消し去られたわけではなく、関係者はそのへんを危惧していたのは事実だ」（消息通）

その懸念が現実のものとなるのは、それから間もなくのことだった。それにしても、〝東海のドン〟と称され、どこで死のうと悔いなき極道人生を貫いてきた金筋親分・河澄政照総裁とはいえ、まさか抗争の調停役として奔走し、手打ちを翌日に控えたその日に、喧嘩の当事者から命を狙われようとは夢にも思わなかったに違いない。

河澄総裁は全国の親分衆と交流も広く、「中京に河澄あり」と謳われる一方で、その密葬には大勢の市民が駆けつけるなど、カタギにも人望のあった親分であった。

No.18

赤坂進【一和会幹事長補佐赤坂組組長】

報復への執念――
女装ヒットマン事件の衝撃

昭和60年1月26日、一和会ヒットマンによる四代目山口組竹中正久組長射殺事件に端を発して勃発した〝山一抗争〟。

それは警察当局をして「ヤクザ抗争史上最大にして最悪」と言わしめたほどで、山口組と一和会との血で血を洗う、激烈を極める大抗争へと発展したのは知られる通りである。その事件が起きたのは、衝撃の1・26事件から9ヶ月後の10月27日深夜のことだった――。

女装した山口組組員が一和会直系組長を狙う

鳥取県倉吉市は三朝温泉の玄関口で、人口5万2千人の城下町。事件の2日前には

2万1777人という国体史上最多の選手、役員を集めた「わかとり国体」を終えたばかりだった。

26日午後9時ごろ、国鉄倉吉駅から3百メートルほど離れた倉吉市上井町のスナック「チェリー」に、1人の女が現れた。みどりの黒髪は肩まで届き、ワンピースからペチコート、口紅、マニキュアまですべて鮮やかな赤で統一されていた。イヤリングも似合って、なかなかの〝美人〟であった。

女は店のママに向かって、「わたし、礼子」と自己紹介し、

「後から3人くるから」

と言って、ボックス席に座った。その「礼子」と名乗る女の後を追うように男が現れ、礼子の席に最も近いカウンター席に着いた。コークハイを注文し、礼子と話を交わすこともなかった。

彼女の言葉通り、3人の男が入店したのは約30分後のことで、どうやら馴染みらしい礼子のボックス席に座った。

この男たちこそ、地元に本拠を置く一和会幹事長補佐の赤坂組赤坂進組長と、2人の護衛役の組員であった。赤坂組赤坂進組長は、山陰地方にあって唯一の一和会直参

組長という大物であり、2人のボディーガードは、1人が54歳の中堅組員、もう1人が運転手役を兼ねた22歳の若手組員だった。

赤坂組長は水割りを飲みながら、礼子と談笑し、寛いだひとときを過ごしていた。もとより自分の身に迫りつつある兇事など、想像さえできなかった。

2人のボディーガード役の組員は、離れた席に座り、それとなく周囲に目を遣って警戒していた。

この「チェリー」は、ボックス席が3つという小さな店で、他に客は5人。ほとんどが若者だった。

数時間後、日付が27日に変わり、午後1時過ぎになっていた。

「おかしいわね。○○子、絶対来ると言っていたんだけど……」

礼子は、その女性が来るからと言うので、この夜、赤坂組長を店に誘っていたのだった。むろん最初から呼んでもないのだから、来るはずもなかったのだが。

赤坂組長が「帰る」と言って、立ち上がった。運転役の組員が先に店を出て、車をとりに行った。中堅組員が先導して、赤坂組長とともに出口に向かう。

――と、そのときだった。

それまでカウンターでコークハイを飲んでいた男が、スツールから飛び降りるや、やにわに赤坂組長に走り寄ったのだ。と思いきや約1メートルの至近距離からイタリア製25口径拳銃を発射した。

放たれた銃弾は5発——うち2発が赤坂組長の後頭部に命中、3発は左右の胸に撃ち込まれた。

さらに男は、ボディーガードの中堅組員の左胸にも1発撃ち込んだ。

突然の銃声に、一足先に店外に出て車のエンジンをかけていた組員が慌てて店内に戻った。と、それまで親分と一緒に飲んでいた女がセカンドバッグから包丁を取り出して襲いかかってきたから、組員は何が何だかわからなかった。

想定外の出来事に、組員も防戦するのがやっとで、胸や手を斬りつけられ、負傷してしまう。

店からの110番通報で、すぐに倉吉署員が駆けつけたが、赤坂組長と中堅組員はすでに死亡、若手組員も2週間の重傷を負うという惨状をきわめた流血事件であった。

襲撃犯2人は、その場で逮捕された。

赤坂組長らを射殺したのは、山口組系竹中組内杉本組倉吉支部輝道会の36歳の組員、もう1人、「礼子」と名乗ったのは、実は女装した男で、27歳の同組組員と判明した。つまり、誰もが女と思っていた礼子は女ではなく、現役の山口組系組員が女装していたものという事実が明らかとなったのだ。

27歳の彼は身長157センチと小柄で、カツラをかぶりやすくするため、頭髪を短くしていた。その女装ぶりは見事なもので、普段、当人の素顔を知っていた捜査員さえ、現場へ駆けつけたときにはまったくそれとわからず、女と信じ込んでいたほどだった。赤坂組長やガードの者たちが騙されたのも無理はなかった。

厭戦ムード漂う中で戦闘再開の狼煙

赤坂組長は昭和40年12月に赤坂組を結成、後に三代目山口組当時の佐々木組佐々木将城組長の盃を受け、佐々木組長の舎弟となった。

59年6月の一和会発足後間もなくして、山本広組長の盃を受けて一和会直系組長となり、一和会常任理事に就任した。

事件の1ヶ月前の一和会定例会において、二代目山本組東健二組長とともに幹事長補佐に抜擢されたばかりだった。いわば一和会地方組織の重鎮ともいえる存在であった。

赤坂組はおよそ4ヶ月前の6月11日には、名古屋の一和会系中村組とともに、双方の幹部が、浜松の山口組系国領屋下垂一家事務所を襲撃、武闘派の一面を見せつけている。それは一和会本部事務所が襲撃されたことへの報復であった。

「赤坂組長自身はどちらかというと穏やかな男やった。温厚な紳士といってよかった」

という関係者の声も伝わってきたが、赤坂組長は享年56、波瀾の極道人生に幕を降ろしたのだった。

赤坂組長射殺される！――の報が伝わるや、一和会、山口組双方の関係者が続々と倉吉入りした。赤坂組長の出身組織である佐々木組の佐々木将城組長ら一和会関係者約40人が赤坂組事務所に到着したのを始め、その日のうちに一和会幹部を含む約2百人が倉吉入り。山口組サイドも、竹中組などから約80人が集結した。

幹事長補佐という重責を担う有力組長を失った一和会は、翌28日午前11時から、赤坂組長とガードの中堅組員の合同密葬を市内の誓願寺で執り行った。一和会関係者は佐々木幹事長を始め、松本勝美本部長ら幹部組長多数が参列、約4百人が参集した。葬儀は佐々木将城葬儀委員長が挨拶に立ち、赤坂組長を偲ぶ思い出話などを語った後で、

「後に残った者は任俠道の伝統を守り、しっかりやってほしい」

と組員への激励で締め括られた。

参列した一和会組員たちは、

「なんとも無念というしかない。赤坂組長の死は絶対忘れはせん！」

と怒りをあらわにしていた。

この事件が二重三重の意味で衝撃的だったのは、ひとつはヤクザ抗争史上初の〝女装ヒットマン事件〟であったからだが、他にも理由があった。

そのひとつ、山一抗争は曲がりなりにもユニバーシアード休戦が実現し、その間、流血事件はすっかり影を潜め、発砲事件があっても、せいぜい事務所への〝カチ込み〟程度で、捜査当局も、

「抗争勃発からすでに9ヶ月、双方の下部組織の組員の間には厭戦ムードも出始めている。抗争状態ではあるが、次第に下火になりつつある」

と分析していた矢先の拳銃発砲流血事件だったからだ。

いわばこの事件は、鎮静化し膠着状態にあった山一抗争に再び火を点け、戦闘再開を告げる狼煙でもあった。そして何よりも重大なのは、抗争が始まって以来、初めて一和会直系組長の犠牲者が出たことであった。それまで一和会関係者9人が山口組報復部隊の手にかかっていたが、直参までには及んでいなかったのだ。

ついに山口組の報復は一和会直参まで及び、1・26事件以後、9ヶ月を経過した山一抗争は大きな局面を迎えたのだ。赤坂組長射殺事件後も、兵庫、大阪、京都、高知、和歌山など各地で銃撃事件が頻発、戦場は泥沼の様相を見せていた。

11月1日未明、京都府相楽郡精華町の山口組系丸岡総業事務所に銃弾が撃ち込まれたことで、1・26事件以後の抗争件数も、ついに2百件に達した。戦争は泥沼化し、エンドレスの気配さえ漂い出したのだった。

この女装ヒットマン事件は、赤坂組長の油断という以上に、何より報復に懸ける山口組の凄まじい執念を感じさせて余りあった。

No.19

中山勝正【四代目山口組若頭】

四代目とともに散り山口組に殉じた未完の大器

昭和60年1月26日、この日、四代目山口組中山勝正若頭は、朝早くから多忙を極めた。

寒風の吹く同日早朝、中山若頭の姿は明石市魚住町清水の第二神明道路土山インターチェンジ近くのドライブイン「長沢」駐車場にあった。同駐車場において行われた山口組直系組長の平澤組平澤武善組長の出所祝い式に参列していたのだ。

平澤組長は大阪戦争による懲役1年8ヶ月の刑をつとめ終え、加古川刑務所を出所したばかりだった。

大阪戦争での功績者の出所とあって、山口組では大軍団の出迎え者を派遣、大駐車場は1千人を超える組員で埋まった。

ナンバー2の中山勝正若頭が出迎えに立ったばかりか、中西一男舎弟頭、岸本才三本部長、渡辺芳則若頭補佐などの幹部も顔を揃えた。

この放免出迎えを終えるや、中山若頭は幹部たちと神戸に移動、午前10時過ぎには神戸市灘区篠原本町の田岡一雄三代目邸に隣りあう土地で、姫路から到着した竹中正久四代目を出迎えている。同地に建設予定の山口組新本家の上棟式にそろって参列するためであった。

半年後に完工予定の新本家は3百坪の敷地の和風建築で、2階大広間は80畳という広さがあった。

上棟式には、竹中四代目以下、中山若頭、中西舎弟頭、岸本本部長、渡辺若頭補佐らが出席。紅白の幕をめぐらしたテントの下で、ビールで乾杯したのは正午を30分ほど過ぎたころだったという。

このあと、四代目と中山若頭らは、京都・八幡市の病院に肝臓病で入院中の田岡文子未亡人のもとへ、上棟式の報告かたがた病気見舞いに訪れている。

一行は3時半ごろ病院を出て、大阪へと向かった。ミナミのホテルで食事をとった後、中山勝正はボディーガードたちに対して、

「おまえらはもうええ。四代目《オヤジ》の面倒はワシがみるから」

と言い、直系組長の南力だけを残して、すべて帰らせている。もともと竹中四代目はボディーガードが付くことを極端に嫌う親分であった。

夜7時、竹中四代目と中山若頭は堂島のクラブへ繰り出した。

この間、一和会尾行班の車がずっと付きっきりで彼らを追い、その動向をマークしていたのだが、むろん中山たちは知るよしもなかった。

クラブでおよそ1時間半ほど過ごした一行が、店を出たのは夜9時近くだった。

その足で彼らが向かった先は、竹中四代目の愛人が住む吹田市江坂町のマンション「GSハイム第二江坂」であった。

このとき、ベンツは1台、南組組員が運転し、助手席にガード役の南力、後部座席に竹中と中山が座った。

中山若頭がこの日、竹中四代目に同行したのは、四代目の愛人宅周辺の様子がおかしいとの報告を受けていたからだった。四代目のプライベートの行動は、一和会との緊迫情勢もあって、一切秘密にされていたが、

「一和会がひそかに竹中四代目の行動をさぐっているらしい」

との情報が、10日前ほど前からごく一部の山口組幹部の耳に入っていた。

それを危惧した幹部から、中山若頭は、

「江坂が何やらややこしいそうや。ガードを任せてほしい」

との申し入れを受けていたほどだったから、

「じゃあ、ワシがいっぺん現場を見に行こう」

と、自ら確かめるため、この夜初めて四代目に同行して江坂のマンションを訪ねようとしていたのだった。


マンションに待ち伏せる一和会のヒットマン

すでにその時分には、一和会の狙撃班4人が、まさに中山たちが向かう当の江坂のマンション「GSハイム第二江坂」204号室で待機していた。

彼らは1ヶ月ほど前、このマンションの存在をつきとめるや、大胆にも四代目の愛人が住む部屋の真下にアジトを設営したのだった。

その204号室に、

「4番さん、竹中がきた！」

との無線連絡が入ったのは、9時過ぎであった。

「4番、了解！」

204号室で、マイクに向かって叫ぶように応じたのは、狙撃犯のリーダー、長野修一だった。

「竹中が来たぞ！」

長野が田辺豊記、長尾直美、立花和夫の3人に声をかけると、彼らはただちに部屋を出た。

竹中四代目、中山若頭、南若中を乗せたベンツが、「GSハイム第二江坂」に着いて、南、竹中、中山の順でマンションのロビーに入ってきた。

エレベーターを待っている3人の後ろから、「行くぞ！」の掛け声とともに、田辺を先頭にしたヒットマンたちがなだれをうって飛び出してきた。

「何やっ、おまえらは！」

南若中が拳銃を手にした男たちを見て叫んだ。狭いロビーだった。ヒットマンたちはすばやく横一列となって、襲撃態勢を整えた。双方、一瞬睨みあう形となった。

「おんどれらは何じゃい！」

竹中四代目がものすごい形相で怒鳴りつけた。

直後、「ドカン！」という凄まじい音と光芒が閃いた。田辺のコルト・マグナム357が竹中四代目に向けて火を噴いたのだ。腰だめして両手でしっかりと銃把を支えて撃たなければ、発射と同時に拳銃はスッ飛んでしまうという代物だった。

この田辺の放った1発目の38口径の銃弾は、四代目の小腸と大腸を突き抜け、右の腎臓を大きく破砕した。弾丸は四代目の体を貫通せず、背中の下にわずかに頭を覗かせた状態であったという。

田辺が2発目の引き金を引いた。弾丸は、田辺に摑みかかろうとした四代目の右手人差し指を関節から吹っ飛ばし、背広を貫き、シャツのボタンを割って右胸上部の表皮を剝奪して止まった。

長尾も同時に、四代目に向け32口径レームを発射したが外れ、中山若頭に向けられた立花のコルト32口径も不発だった。

すかさず田辺が四代目の後方にいた中山若頭に向けて3発目を発射、弾丸は中山若頭の背中に命中した。

背中を撃たれた中山若頭は、奥の非常口の方へ歩きかけたところ、長尾によって狙い撃ちされ、右肩と頭部に2発の銃弾を浴びせられた。これが致命傷となった。

南力若中はとっさに前に出て、両手でコルト・マグナム357の銃把を握っている田辺に体当たりを食らわせた。たまらず引っくり返った田辺に、南は馬乗りとなり、腰のベルトに挟んだ護身用拳銃を引き抜こうとした。

だが、この格闘を見た長尾が、中山若頭にとどめを刺したレーム32口径を、南若中に押しつけるようにして一発打ちこんだ。南はもんどりうってフロアに倒れた。

すべてはあっという間の一瞬の出来事だった。

前代未聞の暗殺事件が抗争激化を加速させた

この一和会ヒットマンによる衝撃の1・26事件によって、山口組は竹中正久四代目、中山勝正若頭というナンバー1、ナンバー2、それに直参組長である南力若中の3人の生命が断たれるという、前代未聞の事態に直面したのであった。

午後9時25分、中山若頭は現場からすぐに吹田市津雲台1丁目の千里救急センターに運ばれた。が、すでに手のほどこしようがなく、当直の医師4人の懸命な手当の甲妻もなく、中山若頭が息を引きとったのは、翌27日午前1時9分のことだった。

享年50、志半ばにしての非業の死であり、

「もし生きていたら、その後の山口組の歴史は変わっていただろう」

といわれるほど将来が嘱望され、とび抜けた器量と腕前の持ち主だった男の死といってよかったろう。

「一和会が狙っていたのは、あくまでもトップの竹中の命《タマ》。それが中山若頭のタマまで奪う結果になったのは、一和会にとって明らかに想定外のことだった。一和会側に、『やりすぎた』の空気が流れたのは確かで、その後の抗争激化にも多大な影響が出てきた。

一方の山口組にすれば、トップばかりかナンバー2まで殺されたことで、その怒りは凄まじく、『一和会許すまじ』と、闘争心に火がついたのは間違いない。もし、中山若頭が死なずに生きていたら、その後の山一抗争の展開、あるいは収拾のありようというのも大きく変わったものになっていたのではないか」

とは消息通の弁ではあるが、もとより「たら、れば」が通用しないのが歴史には違いない。

No.20

小林金治【瀬戸一家八代目総裁】

抗争の和議を終えて引退、心静かな生活を送るはずが……

愛豊同志会河澄政照総裁射殺事件（前出）に、誰よりも胸を痛めたのは、その現場を目のあたりにした瀬戸一家八代目小林金治総裁であっただろう。

明日の手打ちを控えて、その詰めの話を終え、晴れやかに見送りに出た矢先のことなのだ。にこやかに話しあい、気持ちよく了解しあった河澄総裁が、すぐ目の前で殺されるのを見て、その心痛たるやいかばかりのものであっただろうか。

まして身内の仕わざと知ったときには、

〈なんてことを……〉

と絶句し、ガックリと肩を落としたに違いない。

地元のしかるべき親分が仲介に入り、抗争終結を目前にしながら、すべては御破算になってしまったのである。もはや事態はどうしようもなかった。

河澄総裁射殺事件から約3週間後、昭和58年8月18日、ヒットマンが逮捕され俠神会系組員と判明するや、俠神会への矢継ぎ早の報復攻撃が開始された。さらにそれに対する中京浅野会への再報復も行なわれて、双方の報復戦は激化の一途をたどった。

8月31日から9月12日にわたって、双方の組関係者宅や事務所、関係者が経営するスナックなどへのダンプ突入や銃弾が撃ちこまれる事件が相次ぎ、9月12日には、なんと1日に七次にも及ぶ拳銃発砲とダンプ突入が繰り返された。ヤクザ抗争史上、かつて例を見ないほどの執拗さであった。

そして10月7日未明には、河澄総裁射殺事件の現場となった小林金治総裁の自宅が焼き打ちにあうという事件が起きた。いよいよ双方の抗争は泥沼の様相を呈していた。

これに対し、県警は両組織の壊滅作戦を展開した。双方あわせて百数十人を逮捕、河澄総裁射殺を命令したと見られる俠神会会長、同会岩本組組長を指名手配し、翌59年2月には、東京・赤坂に潜伏中の岩本組長を逮捕している。

こうした警察の厳しい姿勢をもってしても、片方のトップが射殺されている状況下、中京戦争の終結は難しいと思われた。

ところが、急転直下、双方の和議が実現するのは、59年6月9日のことだった。

和議の場となったのは、双方の本拠のある豊橋と蒲郡のほぼ中間点に位置する料亭「呑竜」であった。主な列席者の顔ぶれは、関東から住吉連合会児玉明副会長、稲川会森田祥生副理事長、同和田永吉副理事長を始めとする有力親分6名、地元の中京からは稲葉地一家伊藤信雄総裁、平野家一家佐藤安吉総裁、導友会古川竹男会長ら5名。当事者の瀬戸一家からは渡辺啓一郎総裁代行ら6名、一方の運命共同会も、会長代行の愛豊同志会河合広会長代理ら6名の親分が席に臨んだ。

和議のきっかけとなったのは、前月5月に執り行なわれた稲葉地一家中村組中村照治組長の組葬の席上だった。

「この葬儀に列席した関東の有力親分衆が、長びく中京戦争を心配して、稲葉地一家伊藤信雄総裁に、『河澄総裁の一周忌も近づいている。何とか地元の親分衆の骨折りで和解への糸口が摑めぬものだろうか』という話があったらしい。実際に、関東の親分衆による地元親分衆への早期和解を目指した橋渡しが始められていたという」（消息通）

これら親分衆の奔走があり、時流を踏まえ大所高所に立った運命共同会側の並々ならぬ勇断があって実現した和議だったといわれる。

かくて長く激越な中京戦争にようやくピリオドが打たれたのである。

その後、瀬戸一家小林金治八代目総裁の引退が決まり、後任の九代目総裁は渡辺啓一郎総裁代行が継承した。

また、河澄政照総裁が射殺されて以来、空席だった愛豊同志会の後任会長（総裁から改称）には、虎屋一家の藤川卓樹会長が決まった。藤川新会長は、会長就任を機に愛豊同志会を「政心同志会」と改称した。

ヒットマンが自宅に潜入

瀬戸一家と運命共同会との和議が成って間もないトップ交代劇で、これによって中京ヤクザ界の平和はさらに推し進められるものと思われた。

ところが、翌60年4月24日、世間をアッと驚かせるとんでもない事件が勃発する。引退したばかりの瀬戸一家小林金治前総裁が政心同志会系組員に射殺されるという事件である。極道の筋を違《たが》えた到底あってはならない事件であった。

〝中京戦争〟といわれ、長期化していた激烈な抗争にもようやくピリオドが打たれたことで、誰よりも胸をなでおろした1人が、小林金治前総裁であったのは確かなところだろう。

加えて、自分の跡目も秘蔵っ子の渡辺啓一郎総裁代行に禅譲することが正式に決まって、これもまた安心して引退できる理由となった。

九代目を継承した渡辺啓一郎総裁は、18歳で瀬戸一家に入門後、20歳のときに朝鮮連盟との大きな抗争で体を賭け、懲役4年の刑で服役。出所後、小林金治八代目のもとで部屋住み修業に励んだ金筋博徒であった。

「小林金治親分の部屋住みといえば、〝東海道の荒道場〟といわれるほど厳しくて有名だった。常時20人くらいいた部屋住みは全員が丸坊主。丸坊主が小林荒道場のトレードマークとして知られていた」（事情通）

瀬戸一家の家訓ともいわれる、

《刃の下は潜れども理の下は潜れず》

との精神も、小林八代目から渡辺九代目へとしっかり受け継がれたのだ。

これはと見込んだ男に跡目を託すことができたことで、小林前総裁は何ら後顧に憂いなく引退することができたのだった。

あとは心静かな悠々自適の生活が待っているだけのはずだった。

事実、そんな暮らしを送っていたのだが、異変が起きたのは4月24日のことで、その日早朝、自宅で目覚めた小林前総裁は、いつものようにトイレに立った。

ヒットマンはすでに家の中に忍んでおり、前総裁がトイレに来るのをいまや遅しと待ち構えていた。通報を遅らすためか、近くの電話線も切断して備えるほどの念の入れようだった。

そんなこととは夢にも知らない小林八代目は、トイレのドアに手を掛けた。ドアを開けた瞬間、「パーン！　パーン！」という鈍い破裂音とともにヒットマンの拳銃が火を噴いた。

八代目は頭と胸に銃弾を受け、とてつもない衝撃を受けてその場に倒れた。自分の身に何が起きたのか、想像もつかない事態に、何が何だか最後までわからなかったかも知れない。

小林金治八代目は75年の波瀾の生涯を閉じたのだった。

No.21

林喜一郎【稲川会特別相談役】

稲川会の黎明期を支え、新時代の幕開けを見届けて逝去

糖尿病と心臓疾患、満身創痍の肉体

林喜一郎が長い間患っていた糖尿病と心臓肥大、その合併症などで波瀾の生涯を閉じたのは、昭和60年11月20日のことであった。

眠るがごとくの大往生であったという。享年65。戒名は、林光院喜参宗達居士だった。

その前年の春、林は地元横浜・山下町の病院へ入院して検査を受けている。それでなくても以前から体調が思わしくなくて入退院を繰り返していたのだが、ここへきて左足の血行が悪くなってどうしようもなかったからだ。

糖尿病と心臓肥大の持病は10年以上前からのもので、体力の消耗も目立ってきていた。

だが、検査の結果、病名ははっきりしなかった。

別の大病院の医師の診察を受け、左足の血管を切って検査を受けた結果、脛から下の血管に十分に血液が通わず、壊死し始めているという。

「よくぞこんなになるまで放っておいたもんですねえ」

医師が驚いて林に告げると、

「別に痛みもないから、我慢していたんだ」

と林は苦笑いしたという。

病名は、大腿動脈が狭くなる閉塞性動脈硬化症で、かなり進行しており、足を切断して治すしかなかった。

林は左足を膝下から切断する手術を行った。心臓疾患もあって満身創痍の体で、手術は慎重に行われた。

面会できるようになると、林のもとへは稲川会の幹部が次々と見舞いに訪れたという。そのなかには稲川会の次代を背負って立つような期待の若手の顔も多かった。

稲川会の地盤を築いた功労者として、林は若手からも慕われる存在だったのである。

ヤクザ社会の動乱の中で力を尽くせぬことへの苛立ち

このころ、稲川会は2人の大物幹部が服役を余儀なくされており、大変な時期を迎えた。

林と兄弟分である石井隆匡会長代行と稲川裕紘副理事長であった。

石井は韓国賭博ツアー事件で、長野刑務所で6年目の刑期をつとめていたし、稲川裕紘は4年の刑で札幌刑務所へ服役していた。石井の出所はこの年、59年10月末、稲川裕紘の出所は翌60年7月が予定されていた。

稲川会は趙春樹理事長を中心に運営されていたが、林にすれば、

〈オレがこんな体でなかったらなあ。まだまだ稲川親分の手足になって働けるし、次の時代を担う石井の兄弟や裕紘のためにも力を尽くせるんだが、残念だよ。2人の留守を守って頑張っている趙理事長に対しても、何のお役にも立てなくて申しわけないなあ〉

と自身に対するじれったい思いでいっぱいであったろう。

だが、体は動かなくても、かつて「横浜の市長」と謳われ、稲川会にその人あり――として全国にその名が知られる大物親分・林の存在感は際だっていた。

林が病床に伏していたこの時期、ヤクザ界は大きな転換期を迎えようとしていた。にわかに風雲が巻き起こり、嵐の予兆があったのである。

昭和60年になると、いよいよ激動期の様相を呈してきた。

前年の59年、神戸の三代目山口組において、四代目を竹中正久若頭が継承。だが、それに反対する山本広組長代行派は山口組を出て、新組織「一和会」を結成。山口組は真っ二つに割れていた。

その両者の懸念されていた緊張関係は、年が明けて早々、「衝撃の1・26事件」といわれる一和会ヒットマンによる四代目山口組竹中正久組長射殺事件を招いた。

ついには両者の全面戦争――〝山一抗争〟へと発展したのである。

そんな最中――事件の3ヶ月ほど前に、林の兄弟分である稲川会の実力者・石井隆匡会長代行が出所してきた。横浜刑務所に石井を出迎えたのは、親分の稲川聖城会長と石井夫人の2人だけであった。

稲川聖城会長はそのころどんな心境であったかといえば、側近の森泉人最高幹部が、著書の『侠雄』（廣済堂出版）でこう伝えている――。

《この世界（やくざ）の、内外の情勢から見ても、年齢的な時期も、絶好のタイミングだった。子分たちにあとを任せて、自分は高いところから、もう少し見ていよう。そして、その方向づけがたしかなものとなったら引退して、花道を飾りたい。それが総裁の当時の心境だった》

森が伝えるように、この時期、稲川聖城会長は渡世の第一線から引いて総裁の地位に就き、二代目会長を適任者に譲る意向を持ち始めていた。自分が健康で現役のうちに跡目を決めておきたい――との思いがあったのである。

では、いったい跡目を誰に決めるか。

林喜一郎が元気であれば、真っ先にその名があがってもおかしくなかった。稲川会に対する功績、器量、手腕、実績、ヤクザ社会における知名度――どれをとっても誰にも引けをとらず、跡目候補として遜色ないのは衆目の一致するところであったろう。

だが、いかんせん、この時期、林の肉体は病魔が進行しており、体調も悪く、一線を引いたも同じ状態であった。それでなくても、もともと二代目になろうなどという野心とは縁遠かったといわれる。

最後まで忠義を尽くしたただ1人の横浜愚連隊四天王

かつて林とともに横浜愚連隊四天王といわれ、そろって稲川会入りしてその基盤をつくったモロッコの辰、井上喜人、吉水金吾は、モロッコが夭折し、井上と吉水が早くに引退し、最後まで親分の稲川聖城に仕えたのは、林だけになっていた。

稲川親分が総長賭博で服役したときは会長代行として留守を守り、親分が復帰してからは会長補佐として稲川会長を支えたのが、林であった。

ナンバー2に徹し続けることで、男の花道を歩んできたのである。

その稲川聖城会長が跡目禅譲の意向を告げたとき、病に伏す身であったのは、林にとってかえすがえすも歯がゆい思いがしたに違いない。もとより自分が二代目になりたいという野心のためではなく、跡目になる者の力になりたいという思いからである。

石井隆匡であれ趙春樹であれ、誰が二代目になっても、その者のためにバックアップしてやりたいし、ひいてはその次を狙う稲川裕紘を支え役に立ちたいという願いは人一倍大きかったのだ。

だが、そのころ、彼の体力は次第に衰え、糖尿病の影響で、切断した左足の膝下が悪化していた。

2度目の手術を行うことになり、今度は左膝の半ばから切断した。その結果、傷口が癒え、病院生活を嫌う林は自宅に帰りたがった。

だが、酸素ボンベを持って退院し、しばらく自宅療養を続けたものの、心臓が頻繁に発作を起こすようになっていた。

林は再び病院に戻らざるを得なかった。それから間もなくして、4年の刑期を終え、社会復帰した稲川裕紘が林を見舞いに訪れた。

林は、すっかり貫禄がつき、大物の風格も漂う稲川裕紘の姿に、目を見張らされる思いがした。と同時に、またぞろ、

〈オレが元気だったら、まだまだこの若のために力になってやれたんだが……〉

との口惜しい思いが湧いたのも確かであったろう。

この年、昭和60年10月、稲川聖城会長は渡世の第一線から引いて「総裁」の地位に就き、二代目会長に石井隆匡を選んだ。

二代目会長の誕生によって、林喜一郎には「特別相談役」の座が用意された。稲川会の新時代の幕開けを見届けるようにして、林が世を去ったのは、それから間もなくのことだった。

その葬儀は稲川会会葬であり、稲川会の功労者として初の栄誉を贈られることになったのである。

No.22

織田譲二【四代目山口組舎弟織田組組長】

囮捜査で逆転無罪――
だが、その軀は病魔に……

〝ハワイ事件〟無罪評決。その4ヶ月後に病死

昭和61年8月10日午前9時40分、大阪・東大阪市内の病院で、山口組の古参実力直系組長が死去した。肝臓がんのため59年の生涯を閉じたのは、四代目山口組舎弟の織田組織田譲二組長その人だった。

時あたかも山口組と一和会との血で血を洗う〝山一抗争〟の真只中のことだが、織田組長が注目を集め〝時の人〟となったのは、前年の60年9月4日、ハワイを舞台にした山口組武器麻薬密輸事件で、米連邦麻薬取締局（ＤＥＡ）の囮捜査で逮捕されたことであった。

織田組長はそれから半年後の4月21日――死の4ヶ月前、ホノルル連邦地裁で無罪評決を受け、無事帰国したのはその2日後の4月23日のことだった。

帰国した際、大阪空港で待ち構えていた報道陣から、晴れて帰国できた心境を問われた織田組長は、

「昔、『憧れのハワイ航路』という歌がありましたが、いまの私は『憧れの大阪航路』です」

と喜びいっぱいの笑顔で応えたものだった。

〝ハワイ事件〟は当初、「有罪は動かしがたい」と言われ、二度と日本の土を踏めないことにもなりかねない状況だっただけに、逆転無罪で生きて帰れたという喜びもあったのだろう。

だが、病魔はすでに織田組長の身体を蝕んでいたのだ。前年9月、ホノルルでの公判中、体の異常を訴えて現地で入院、「肝臓癌」と診断され、「あと6ヶ月」との宣告までされていたという。

それでも織田組長は帰国後も通院を続け、毎週1回、東京の病院に検査に通い、家族にも、

「癌なんかに負けてたまるか、きっと癌に勝ってみせる」

と語り、意気軒昂なところを見せていた。

だが、その後、病状は悪化、ついには入院先の大阪の病院で帰らぬ人となったのだった。

トップクラスの実力者〝山口組の知恵袋〟

織田譲二組長は本名が伊藤豊彦で、昭和2年8月10日生まれ。昭和33年頃山口組入りし、翌34年8月三代目田岡一雄組長の直系若衆となっている。

翌35年8月の〝明友会事件〟の発端となった大阪・ミナミのサパークラブ「青い城」での乱闘事件のとき、田岡組長に同行したように、以後、三代目の秘書役として知られ、ドンの側近幹部として山口組内に隠然たる力を持っていた。

〝山口組の知恵袋〟として、その頭脳のキレを内外から高く評価されてきた一方で、政財界にも顔が広く、山口組にあっては「山口組きっての経済通」と言われてきた。

「いつも紳士然としており、一見したところではヤクザの親分にはまるで見えない。

が、関西の総会屋グループでは、トップクラスの実力者として知る人ぞ知る存在だった」（消息通）

語学力に長け、米誌「タイム」を原語で読むというほど英語はペラペラ。文字通り〝国際派インテリヤクザ〟だった。

その一方では、59年6月の山口組分裂により、元本部長だった小田秀臣組長が引退したことから、それまで小田秀組長が取り仕切っていた「東洋信用実業ＫＫ」の代表取締役に就任。山口組所有の「オリエントクラブ用地」などを管理する同社の社長となったのだが、同用地を購入する際、直系組長から集めた億単位の金のうち、土地代の残りがプールされており、その莫大なプール金を預かる立場にあったところから、〝山口組の金庫番〟とも言われた。

「織田組長は頭の切れる人物で、故田岡三代目の側近の1人として、山口組を支える重要人物であった。生前の田岡三代目や文子未亡人の覚えもよかった」

四代目問題を巡る派閥闘争では、竹中正久若頭派にあって、多方面にパイプ役をつとめ、文子未亡人の意向を汲んで竹中正久四代目擁立の調整役になったと言われ、竹中四代目誕生の陰の立役者ともされている。

竹中組長が四代目に就任してからは、「四代目舎弟」となっていたが、山口組にとっては、かけがえのない人材であった。それだけに〝山一抗争〟という試練の折りも折り、その死には、山口組のショックも少なくなかったようだ。

余命6ヶ月宣告にも従容として死を受け入れる

織田組長が米連邦麻薬取締局の囮捜査で嵌められてハワイで逮捕され、オアフ矯正センター（OCCC）という名の拘置監（未決囚）に収容されたときの精神的ストレスは、並大抵のものではなかったようだ。

身に覚えのない犯罪をでっちあげられたばかりか、テレビでは重大犯人扱いして懲役30年とか45年と盛んに報じているのだ。なにしろアメリカの地とあって、その裁判にしろ何にしろ、まるで勝手がわからなかった。おまけに肝臓を患っているうえに、胃潰瘍の持病もあったので、健康には自信がなかった。

逮捕された5日後、織田組長は拘置監で倒れ、意識不明の重体となった。大量の吐血をし、そのまま8日間の入院となり、2リットルの輸血を受けた。点滴の毎日。

だが、この輸血が彼を最悪の結末へと導いてしまう。B型肝炎となり、出廷するようになってからも、日に日に衰弱した姿を見せていくことになるのだった。公判中も、織田組長は脂汗をかいて必死に苦痛に耐えていたという。

織田組長に対して、陪審員による無罪の評決が出たのは、昭和61年4月21日のことだが、医師の宣告が下ったのはそれより1週間前のことだった。

「ミスター伊藤、アイム、ソーリー、ユアライフ、ウィルビー、オーバー、デュアリング、ジス、シックスマンス」

余命6ヶ月——との医師の告知に、織田はいささかも取り乱すことなくうなずいたのだが、その無念さはいかばかりのことであったか。

が、組長はそれをおくびにも出さず、帰国後、このハワイ事件の弁護人となった山之内幸夫弁護士から、

「命が6ヶ月しかないというのは本当なんですか」

と訊かれたときも、

「先生、誰にも言わないで。山口組の者には言っちゃあいけない。皆、心配するから黙っといてよ。でもね、医者がアイム、ソーリー、ってね。お医者さんが謝る必要な

んてないじゃない、ねえ先生」

と応えたという。

医師の宣告は公判中のことで、その病状は弁護人を通じて極秘裡に裁判所にも伝わったため、裁判官は織田組長の出廷免除を許可した。だが、織田組長は何としても出廷し、自ら証言することに固執した。正しい評決をもらいたいとの一念であった。

評決の日、組長は毅然として法廷の被告席で宣告を待った。

「カウント、ワン、ノットギルティー（起訴事実、第一、無罪）、カウント、ツウ、ノットギルティ……」

じっと天井を見上げる織田組長の姿は、必死に涙をこらえているかのようであった。

それから4ヶ月後の死であった。すでに肝臓障害は多数の食道静脈瘤を併発しており、血管の破断があれば即死を意味していた。

それでも織田組長は入院したことさえ誰にも知らせず、たった1人、従容として死出の旅へと就いたのだった。

No.23

白神英雄【一和会常任顧問】

バンザイクリフの波に砕け散った男の夢

バンザイクリフに惨殺死体となって発見

日本人の人気観光地としても有名なサイパン島。その最北端の岬がバンザイクリフと呼ばれるのは、戦争の悲劇と切り離せない。

高さ80メートルほどの断崖絶壁が数百メートルにわたって続く同岬は、大東亜戦争末期、米軍の進攻に対して、多数の日本人婦女子が「万歳!」の絶叫とともに身を投じた場所としてよく知られる。

いまも同地には数々の慰霊塔が建つとともに、風光明媚な観光名所ともなっている。

このバンザイクリフの沖合に、ブルーのポロシャツだけを身につけた男性の死体が浮いているのが発見されたのは、昭和62年2月2日午前6時30分（日本時間2月3日午前5時30分）ごろのことだった。

発見者は観光客を案内していた地元のバス運転手である。

通報を受けたサイパン警察が引き揚げたところ、死体は捜査員も目を覆うほど無惨な状態だったという。顔から頭にかけて多くの傷を受け、左手親指は第一関節から欠損、さらに臀部には鋭利な刃物でえぐられたような形跡もあった。首を絞められた跡もあり、絞殺の可能性もあるという。

はたしてその無惨な傷が犯人の手によるものなのか、それとも他の場所で殺された後で海に投じられたときに、岩などにぶつかって損傷したものなのか、はっきりしなかった。

が、身元はすぐに判明した。その死体こそ、一和会常任顧問の白神組白神英雄組長の変わり果てた姿であった。

白神組長は1月30日にサイパン入りし、この日は朝から当地で経営している会社の社員1人を連れて海水浴に出かけた。サイパン島中央部にあるマイクロビーチであった。

ところが、午前10時ごろ、白神組長の姿が見えなくなった。マイクロビーチから15キロほど離れたバンザイクリフで、惨殺死体となって発見されたのは、それからわずか30分後のことで、彼を知る人の間では、

「自ら身を投じたのではないか」

との声もあがったのは、白神組長には任俠人の顔だけでなく、愛国運動に真摯に取り組む民族派としての顔もあったからだ。

が、もとより自死ではなく、何者かによって殺されたのは間違いなかった。白神組長は63年の波瀾の生涯に幕を閉じたのだった。

誰が白神を殺ったのか。山一抗争との関連は?

では、いったい誰が白神組長を手にかけたのか。

この時期、仲介人の奔走によって終結話が進んで実を結ぶ寸前ともいわれていたが、いまだ山口組と一和会の〝山一抗争〟は継続中であったから、

「山口組の報復やないか。抗争終結に納得せず、徹底抗戦を主張する武闘派にすれば、一和会のトップクラスを殺らんことには納得できんいうことやろ」

との声があがるのも無理はなかった。

実際、2年前の1月26日、四代目山口組竹中正久組長射殺事件に端を発した山一抗争が勃発して以来、そうしたターゲットとして白神組長が狙われた形跡は、何度となくあった。

抗争が始まって間もない60年2月、白神組長事務所に近い大阪ミナミの路上で、白神組長をつけ狙っていた山口組系組員が逮捕されたこともあった。それを皮切りに、事務所が放火されたり、61年12月には、サイパンから名古屋港に着いた際、空港に山口組ヒットマンが潜入しているという情報を警察当局がキャッチ、そのため、白神組長はVIP専用の通路を使用したほどだった。

それだけにこのバンザイクリフ事件も、山口組の報復とする見方が出てきてもなんら不思議ではなかったのだ。

だが、山口組関係者の大方の見るところは、

「大勢が抗争終結に向かっているときだけに山口組の者がやったんとは違うやろ。お

そらく白神組長は何か個人的なトラブルに巻き込まれたのではないか」

というもので、別の中立組織組長も、山口組ばかりか極道そのものの関与ということにさえ否定的な見方で、

「殺されたとき、白神の親分は米ドルで5千ドル持っていたというし、高価な装飾品も身につけていたんや。ところが、死体からはカネも何もかもが消えていたというやろ。極道の鉄砲玉なら、絶対に身につけているものを剝ぐような真似はせんもんや」

白神組長は自ら経営する不動産・貿易会社の現地事務所を、サイパンのチャラカン地区に構えて住宅としても兼用していた。そのため、近年はサイパンへ行く機会も多く、地元には知人も多かったという。

そうした組関係者の推測通り、白神組長を殺害した容疑者3人が逮捕されたが、山口組系組員でも極道関係者でもなかった。

白神組長がサイパンに設立した会社の従業員で、日本人従業員ではなく、現地で雇った地元の人間であった。この事件の真相については、いまもって謎めいたところも多いとされる。

「ミナミのカポネ」「山口組の外務大臣」

白神組長は戦後、ヤクザの激戦地として知られた大阪・ミナミの一帯で勢力を張っていた南道会の出身。昭和37年、田岡一雄三代目と親子盃を交わして山口組の直系組長となった。

その時分、白神一朝こと白神英雄組長は、「ミナミのカポネ」の異名をとり、大阪ミナミにその人ありと言われ、飛ぶ鳥を落とす勢いだった。

山口組入りしてからも、その翌年には、器量を買われて早くも若頭補佐に抜擢されている。〝山口組の外務大臣〟とも呼ばれたのは、幅広い人脈を駆使した外交折衝に卓抜の手腕を発揮したからだった。

その後、山口組の隆盛期に、白神組長はおよそ10年の間に4期にわたって若頭補佐をつとめ、3度の解任を受けるという波瀾の経歴をたどっている。

その一方では、右翼活動にも熱心で、33年には「日本青年党」を結成、さらに39年には、山口組初の右翼結社「八紘会」を創設している。

山口組にあっては、田岡一雄三代目亡き後、古参格の1人として組織の結束に尽力。だが、四代目問題で山口組と決別、山広組山本広組長ら古参組長とともに、一和会の結成に参画した。

やがて山口組と一和会は全面戦争に突入するのだが、その不幸な事態を最も憂いていた1人が、白神組長だったといわれる。

「もとはといえば、同じ釜のメシを食ってきた仲間やないか。ともに山菱の代紋を磨きあって組をここにまで大きくしてきた仲間同士が、なんで血を流しあわななららんのや。骨肉の争いいうのはあまりに哀しいで」

と嘆き、一刻も早い抗争終結を願っていた。そしてその後も自身の人生設計——ヤクザ渡世を引退し、事業に専念するという考えを持っていたという。

亡くなる前には、身近な者に、

「3月15日の64歳の誕生日までには抗争は終わるだろ。そしたらワシはヤクザを辞めて、ビジネスに専念する。近い将来は、サイパンに戦争犠牲者の慰霊塔を建てたいんや……」

と、白神組長は晩年の夢をサイパン島にゆだねようとしていたのだ。

最後となったサイパン行きも、2月13日に現地でジョー山中の〝チャリティ・コンサート〟を手がけるためだったとの話も伝わっている。

白神組長の夢は、64歳の誕生日を目前にしてサイパンのバンザイクリフの波にくだけ散る形となったが、男の浪漫を追い求め続けた末の死であったともいえよう。白神組長は激しくも果てしない旅に終止符を打ったのである。

No.24

小田秀臣【元三代目山口組本部長元小田秀組組長】

引退から3年後に急逝した元「山口組の知恵袋」

一和会に参画せず引退を選んだ理由

三代目山口組時代、山口組の官房長官ともいうべき本部長をつとめ（若頭補佐兼任）、「山口組の知恵袋」と評された男が、小田秀組組長小田秀臣であった。

その小田秀臣が心臓病で急逝したのは、昭和62年11月5日のことである。57歳という早過ぎる死であった。

それより3年前の59年6月5日、田岡三代目の死後、3年にわたって繰り広げられてきた山本広組長代行派と竹中正久若頭派による跡目争いにピリオドが打たれ、竹中若頭の四代目継承が決定。これを不服とした山広派はただちに山口組を割って出て、一和会を結成、山口組はついに分裂に至ったのだった。

小田秀臣は山本広支持派として、山広擁立の参謀格であり、山広四代目実現への強力な推進役と目されてきた男だった。当然、一和会の結成に際しては、一和会の最高幹部として参画するものと見られていた。

ところが、小田秀臣は突如、引退を表明し、小田秀組を解散した。旧小田秀組の4人の大幹部が竹中四代目の子に直り、直参組長に取り立てられた。

元小田秀組長は、引退の真相を、

「6月6日以降、現四代目山口組の新執行部の一部重責にある人との、過去長年にわたる個人的な友好、信義を考えると同時に、私は三代目山口組の本部長としての重責、役割を省みた。今回、分裂という事態を迎えた責任の一端は私にも十分ある。きれい事を言うのではないが、自分の身をつめて、野に下ってとるべき道はとる。これが三代目山口組、わが田岡親分へのお詫びと考えた。私が身をつめて、野に下る以上は、山口組へ千余の子分たちを返すことこそが、田岡親分に対する信義を全うする道だし、また引退することは一和会の皆さんに対する私の信義だと受け取ってもらっていい」

と述べ、一部伝えられるような「組員のクーデター」の噂を全面的に否定した。部下のなかに山菱の代紋に残りたいものが多かったから、組員を四代目山口組に送り込む道を選んだ——と改めて強調したものだ。

また、作家の飯干晃一に、引退したときの心境を訊かれて、

「全身の力が抜けたような気になった。寂しかった。疲れた。ここ数年、山口組本部長の激務にほとほと疲れた。山の中で仙人みたいに暮らしたいと思ったぐらいだった」

と答えている。

組織内部でも群を抜いていた資金力

極道から身を引いた小田秀元組長は、現役当時から生業であった金融業を中心に、実業界に転身した。もっとも、関係筋では、

「あれだけ莫大な資産を残したんだから、もう何もせんでも余生を送れる」

という声がもっぱらだった。

三代目山口組当時から小田秀臣の資金力には定評があった。58年、自宅兼事務所の

「小田秀総業」ビルを新築したが、鉄筋6階建て、エレベーター付きで、各階フロ付き、コーヒー・ブラウン色の西欧風マンションといった感じのビルだった。各部屋に最高級の調度品を揃え、総費用は当時の金額で5億円とも6億円とも言われ、「建築費は銀行から融資してもらったらしい」という話も聞かれたほどでもある。

田岡三代目亡きあと、山口組壊滅作戦を進める兵庫県警はＦＢＩ方式による〝脱税作戦〟を展開、山口組に税金面から捜査の手を伸ばそうとしたが、その動きをいち早く察知して手を打ったのが、当時の小田秀臣本部長だった。

57年4月の定例会で、それまで積み立てられていた毎月の会費の余剰金1億2千6百万円を、集まった各直系組長に一律150万円ずつ返還したのである。これには出席した組長にしてもサプライズであったようだが、小田秀はさらに収入印紙を貼った領収書を提出させて、

「還付金は組の帳簿にちゃんとつけておくように」

と指示した。兵庫県警が国税当局と手を組み、山口組を税金面で追い込もうとしている動きに対して、説明のつかない金をさっさと処分してしまったわけで、その手際の良さに、県警捜査幹部も、

「小田秀に一本取られた」

と舌を巻いたものだ。

その頭脳は山口組で右に出る者がないと言われ、「山口組の知恵袋」と称されたゆえんであろう。

ヤクザ相手の金貸しはカタギになれば成立しない

彼の引退からおよそ7ヶ月後の昭和60年1月26日に起きたのが、一和会ヒットマンによる衝撃の四代目山口組竹中正久組長射殺事件だった。

警察関係者をして「ヤクザ抗争史上、最大にして最悪」と言わしめた、血で血を洗う山口組vs一和会の山一抗争勃発となったわけだが、ここに至って、関係筋では改めて小田秀元組長の身の処しかたの賢明さを思い返した向きも多かったようだ。

だが、小田秀元組長にとって、カタギの実業家としての道のりは決して平坦なものではなく、その風向きはだいぶ厳しかったことが伝わっている。

組関係者によれば、

「小田秀さんという人は、主として極道相手の金貸し――金融をやってきた人や。一説によると、貸代金が8億円とも10億円とも言われとる。そら、現役のうちは、あれだけの実力者や。山口組、あるいは小田秀組の威力を背景に、決して焦げつくことはなかったやろ。そんな小田秀さんが引退したらどないなるんや？　極道から金を借りたんであって、極道の足を洗ったモンに返す必要あるか――と、極道たちが一斉にソッポ向くに決まっとるがな」

ということになり、それは小田秀本人も、急逝する1年ほど前、某ジャーナリストから事業のことを訊かれて、

「やっぱりヤクザのうちが華ですよ。貸し手がカタギになったら、借りたカネ返すやつ、おるんかいな」

と、強気の男には珍しく、自嘲ぎみに応えている。

関東の組関係者によれば、

「関東はそうでもないんだが、関西のほうでは、どんなに偉い親分だったとしても、いったんヤクザの足を洗ってしまえば、ただのおっさん。場合によっては、そこいらのチンピラあたりからも、そういう扱いを受けることがあるようだな」

というわけで山口組の最高幹部であった小田秀元本部長といえども、前出の組関係者や小田秀本人が指摘するような事実があったとも伝えられている。

「引退してからの小田秀さんの晩年は、現役のときとはうってかわって、不遇な面もあったようや。そらそうや。なにせ全盛期は山口組本部長、『山口組時報』編集長、本家隣りのオリエンタルクラブ用地を管理する会社『東洋信用実業ＫＫ』の代表取締役社長までつとめ、『山口組で一番肩書きの多い男』と言われたほどの実力者で、権勢をほしいままにした男や。ところが、引退後は金融業のほうも、大方の予想通りの現実があったり、酒場のトラブルに巻き込まれたとかいう話も聞こえてきたり、現役時代には考えられんようなことばかりが伝わってきとった」

とは消息通の弁だった。

そんな小田秀元組長が心臓病のため57年の波瀾の生涯を閉じたのは、引退から3年後のことだった。

その葬儀もひっそりとしめやかに営まれ、ヤクザ関係者の姿もほとんど見られなかったのだが、小田秀元組長はカタギ衆の評判が良く、自宅周辺の住民らも、

「腰の低い人で、とても山口組の最高幹部いうような感じやなかった。ワシらと会っ

たときも、『元気でやってるか』と気さくに声をかけてくれたし、ホンマ、ええ親分さんやった……」

と懐かしんだものだった。

No.25

丹羽勝治【一和会加茂田組二代目花田組組長】

一和会崩壊の序曲となった札幌白昼の死

札幌ススキノの路上、白昼に鳴り響く6発の銃弾

昭和63年4月11日の昼下がり、一和会加茂田組二代目花田組丹羽勝治組長は、内妻とともに札幌市中央区南5条西9丁目の喫茶店を出た。

2人が喫茶店にいたのは、そんな長い時間ではなかった。もとより丹羽組長は、後ろからひたひたと忍び寄ってくる2つの影の存在を知るよしもなかった。

それこそ丹羽組長を狙う2人のヒットマンであった。彼らは、丹羽組長が喫茶店に入る以前からその後をつけ、じっと襲撃のチャンスを窺っていた。

組長が喫茶店で勘定を済ませ、外に出たとき、2人組は、

「いまだ！」

と拳銃を抜き出し、背後からターゲットを襲った。

「パーン！　パーン！　パーン」

という破裂音がたて続けに白昼の路上にこだました。

道路を横切ろうとした丹羽二代目の口から「ううっ」といううめき声が漏れた。

ヒットマンの放った銃弾は6発、うち二代目の身体を直撃したのは3発だった。

「キャアー！」

少し離れた位置にいた内妻の悲鳴があがった。二代目がヒットマンの襲撃を逃れようと、必死に目の前のマンションに駆け込もうとする。だが、力及ばず、その入口で倒れた。

目撃者の通報で救急車が駆けつけ、丹羽組長はただちに病院に運ばれたが、間もなく出血多量で息を引き取った。

この射殺事件は、関係者に大きな衝撃をもたらした。

ヒットマンは、ただちにその場から逃げ去ったが、当時の四代目山口組弘道会傘下の司道会組員らであった。

しかし当初、ヒットマンの正体がどこの何者とも判明しなかった時点では、

「北見抗争は3年前にけりがついているし、山口組との抗争は、1年2ヶ月前に互いの終結宣言で終わってるはずじゃないか……。いまさらなぜだ？」

と首をかしげる者は多かった。

花田組がどこかの組と揉めているという事実もなかった。

やがて丹羽二代目を射殺したヒットマンが判明したとき、その真相も明らかになった。

2年前の昭和61年2月27日、姫路で起きた四代目山口組竹中正久組長墓前射殺事件に対する山口組の報復であった。

墓前射殺事件というのは、竹中四代目の墓前で竹中組組員2人が襲撃され射殺された事件で、それによってほぼ成立間近と目されていた山一抗争終結の話が吹き飛んでしまうといういきさつがあった。

その襲撃犯は挙がっておらず、背景は表沙汰になっていなかったのだが、実は二代目花田組関係者による襲撃であり、後に組員の1人が逮捕されている。そのことは当事者以外、他の花田組の人間の知るところではなかった。

その後、山一抗争の大勢が決しつつあるなか、一和会から山口組に流れる組員が続出し、そのうちの1人が、

「あの墓前事件は北海道の花田組組員がやったことや」

と漏らしたことで、山口組にも知れ渡る事実となり、花田組に対する報復は必至となったのだった。

そうした山口組ヒットマンの忍び寄る気配を感じ取っていたのか、丹羽組長自身、死の直前、

「狙われているような気がする。次はオレの番か」

と周囲に漏らしていたともいう。


丹羽が殺されたのに報復しないんでっか！

丹羽二代目を撃った2人は、現場に面したビルの喫茶店に犯行直前、居合わせた。同店のオーナーによると、内妻が先に来ていて、二代目が入店したのは襲撃される10分前であったという。店内で電話をかけていたところへ、2人組が無言で入ってき

たのだ。

2人は奥の席に腰掛け、伏し目がちにコーラを頼み、先に金を払ったという。丹羽組長たちがすぐに店を出たため、注文のコーラが来ないうちに黒い上着の男に続いて、小柄な男が後を追った。店のオーナーは「2人とも暴力団員風なのに、丹羽組長とはひと言も交わさず、コップにも手を触れなかったので変だと思った」と振り返っている。

冷静に丹羽組長の所在を確かめ、後をつけ、背後から数発の銃撃。逃げる組長を追い、さらにとどめの銃弾。訓練されたヒットマンの仕業を思わせる——と、地元紙も報じたものだった。

丹羽二代目の先代である初代花田組花田章組長もまた、抗争の銃弾に倒れた親分であった。

自宅近くの北見市内のスーパーで、夫人と買い物しているところを拳銃で撃たれたのだ。撃ったのは当時の稲川会稲川一家岸本組星川組のヒットマンで、花田初代は頭などを数発撃たれ、3日後に死去した。

これが花田組と星川組とによる二次三次にわたる血で血を洗う抗争事件に発展、最終的には互いのトップを含む４人の死者と３人の重軽傷者を出して道民を震撼させた〝北見抗争〟の発端となった。

両者の間で手打ちが成立したのは、５ヶ月後の昭和61年１月のことで、その後、それぞれ二代目も誕生し、組織再建へ向けて新たなスタートを切ったのだった。

だが、花田組にはさらなる試練が待っていたわけで、再びトップが射殺されるという悲劇が起きたのだ。

「初代の花田章親分の薫陶を受けた若衆が丹羽二代目で、初代同様、二代目もまた渡世に邁進した人だった。一本気なまっすぐな男で、若いころから組のために体をかけ、長い懲役をつとめている」（道内稼業関係者）

二代目を射殺された花田組が、報復の一念に燃えたのは当然であったろう。

もとより上部団体の加茂田組もまた、同様の姿勢を見せ、幹部らによって報復計画が練られた。

だが、加茂田重正組長と幹部たちとの間で意見が対立し、激しいやりとりが交わされたという。

「丹羽が殺されたのに、報復もしないんでっか！」

と詰め寄る幹部たちに対して、加茂田組長の、

「カネ（報復資金）はない」

「弘道会とやって、そのあとどないするんや」

との発言もあったといわれる。

結局、この日は両者の意見対立のままに結論は出ず、後日、再び話し合うことを確認し合った。

だが、6日後の当日、7、8人の幹部がこの話し合いをボイコットしたため、加茂田組長は怒り心頭に発した。

「もうやめや！」

と大声で怒鳴り、話し合いは自然流会になったという。

一方、山口組はこれに対し、翌日、

「加茂田から電話で、『一和会を脱退したうえ、自ら引退し、組を解散する』との連絡が入った」

との竹中組竹中武組長の報告を受けて、緊急幹部会を開いた。

翌日、山口組は全傘下組織に対して、「加茂田組の解散、加茂田組長の引退表明」

を通知し、あわせて「今後、加茂田組長、及び加茂田組関係者に対し、一切手出ししないように」との通達を出したのだった。

かくして一和会のナンバーツーをつとめ、〝男・加茂田〟と謳われた加茂田重政が率い、最盛期には全国45団体、2千人の〝加茂田軍団〟ともいわれた一和会最強の加茂田組は、あっけない解散となったのである。

二代目花田組丹羽勝治組長の死から1ヶ月後のことだった。

加茂田組解散が、間もなく訪れることになる一和会崩壊への序曲ともなったのは、紛れもなかった。

つまり、丹羽組長の死は、加茂田組の解散、一和会崩壊の引き金となるほど、大きなエポックメーキングとなる事件であったのだ。

このとき、丹羽組長は49歳、50歳を目前にして激烈な死を遂げたのだった。

No.26

大山光一【極東眞誠会最高顧問】

癌に蝕まれながらも自身のことを顧みず、最期まで業界発展に尽くす

極東眞誠会（現・極東会松山連合会）の大山光一最高顧問が、胆嚢癌《たんのう》のため世を去ったのは平成元年11月13日のことである。

大山は神農業界に多大な功績を残した親分としてつとに知られている。

「ともかく神農業界――テキヤ界発展のために寝食を忘れて取り組んだ親分だった。ただただ神農道という一筋の道を、裂帛の気合いをもってひたすら一直線に走り続けた人で、その果ての壮烈な戦死といってよかったのではないか」

とは、テキヤ関係者の弁である。

また、当時の極東眞誠会の機関誌「限りなき前進」（第36号・平成2年7月10日発行）も、こう追悼の意を表したものだ。

《われわれの神農業界は、激動する時代の波浪に幾度となく揉まれながら、個性の強

い男たちと、糾合し築かれてきたのであるから、今日の栄光を得るまでには、筆舌に尽し難い、危機と回生の連続であった。

その先頭に、常時立ち、有事にあっては獅子奮迅、身命を賭してこれにあたり、組織の繁栄と充実のために東奔西走し続けてきた大山光一の死は、まさに壮烈な「将軍の戦死」といえよう》

同誌では、

《「神農人による神農道確立と神農業界の現実的結集団結」を生涯のライフワークとした男》

とも評しているように、神農業界の大同団結、そして稼業違いである任侠界との親睦と友好、全体の平和共存――ということに生涯を賭けて取り組んだ親分こそ、大山光一であった。

「つねに極東、ひいては神農業界、あるいはヤクザ界全体の将来を考え、明晰な頭脳と鋭い洞察力を駆使しての対外的な折衝は、群を抜いていた。実際、テキヤだけじゃなく、稼業違い（博徒）からも慕われ、頼りにされた人だった」

「テキヤ界屈指の論客といってよく、自分のことはさておいても、業界のため、ヤクザ界のため奔走した人で、自分のことは一切勘定に入ってない親分だった。結局、人のために仕事をし、頑張りすぎたことが、寿命を縮める結果になったのではないか。64歳じゃまだ若いですもんね。そうとう無理されたんではないかと思いますよ」

との関係者の話も伝わってくる。

その高い見識、高潔な人格は、博徒もテキヤもすべて一緒くたにして「暴力団」の名のもとに一刀両断に斬り捨てる警視庁筋の人間をさえ、敬服せしめ、

「私は1人の人間として、大山光一という親分を心から尊敬していますよ」

と言わしめたという話も残っている。大山と親交のあった任俠人によれば、

「亡くなる前、彼が入院してからもよく話をしたけど、彼の話は、テキヤの業界は今後どうあるべきかとか、博徒とテキヤとが仲良くやっていくためにはどうすればいいかとか、そういう話ばっかりなんだ。業界の将来がよくなるように、って話ばっかり。自分の病気がどうとか、あそこが痛いとか、ここがおかしいとか、自分のことは少しも出てこないんだ。

だから、オレも、『そんなことは考えずに、いまは養生のことだけを考えろ。みんな心配してるんだから、そんなことは若い者に任せて』と言ったんだけど、やめない

んだ。性分だね。彼は最後の最後まで——死ぬまで業界のことを心配してたね」

大山の入院する病院には、業界の外務大臣的な役割をつとめた彼の顔の広さを反映して、誰もが知っている超大物親分もお忍びで見舞いに訪れ、病院関係者を驚かせている。

博徒とテキヤの垣根を取り払う

大山光一の残した大きな功績は、「関東神農同志会」の結成のために骨身を削って尽力したこと、また「関東神農同志会」と「関東二十日会」との合同食事会を実現させ、テキヤと博徒との友好共存の道を切り拓いたこと——であろう。

関東神農同志会というのは関東二十日会のテキヤ版で、関東に本拠を置くテキヤ組織が大同団結して結成された横の連絡調整機関である。

関東二十日会同様、各組織の友好・親睦を目的につくられたもので、やはり抗争抑止力として果たす役割は甚大なものとなっている。平和共存を望む関東神農界のトップリーダーや長老たちの真剣な姿勢が実った結果であろう。

画期的だったのは、関東神農同志会結成に先立って、昭和59年2月、業界の主だった首脳・幹部が、関東二十日会との間で、親睦と友好を目的として合同食事会を開催したことである。

両者の代表の60名強が一堂に会しての合同食事会が、新宿の某ホテルにおいて盛大に催されたのだ。関東地区の博徒とテキヤのリーダー並びに最高幹部が、悉く参集して食事会を催したことは過去になく、関東ヤクザ界に新しい歴史の1ページを記したのである。

かくして関東ヤクザ界は、万全の平和共存路線が敷かれることになったわけだ。

消息通がこう言う。

「関東の場合、代紋違いの博徒間のトラブルは、関東二十日会があることで拡大化を防げるし、テキヤ同士の場合も関東神農同志会がある。また、稼業違いである博徒とテキヤの抗争が起こっても、合同食事会などで両者の交流は親密だから、トップ同士で連絡がとれ、解決できるシステムになっている。こうしたシステムを確立するまでの各組織間の根まわしというのはさぞや大変だったろうと思うが、そのためにひとかたならず奔走し、尽力したのが大山光一親分だった。関東神農同志会の結成、関東二十日会との友好を築くにあたって、大山さんがその最大の功労者の1人であったのは間違いない」

大山自身、関東神農同志会の結成の主旨をこう述べている――。

「関東神農同志会の使命は、業界内の揉めごとや、稼業違いの人とのトラブルを早急に収拾し、第二次抗争への発展拡大を阻止することです。

我々も社会の一員であり、揉めごとや、トラブルを繰り返す愚は業界全体のマイナスでもあり、任侠界への迷惑でもあり、一つでも少なくする義務と責任があるのとは違うのだろうか。

社会や一般人に迷惑をかけない、そして任侠界と神農業界の和を保つための懸け橋が関東神農同志会である」（「限りなき前進」19号＝昭和59年7月）

この極東関口三浦分家の大山光一が永遠の眠りに就いたのは、平成元年11月13日午後4時34分のことだった。享年64。

本葬儀は平成2年4月10日、上野寛永寺において行なわれ、全国各地の業界人はもとより、関東二十日会を始め、中京、関西、中国地区の友好団体の首脳も多数参列、近来にない盛大な葬儀となった。

No.27

川口喨史【住吉連合会会長】

花の盛りに春死なん

平成2年という年は、住吉会（当時は住吉連合会）にとって不幸続きの1年となった。

1月には小林楠扶《くすお》本部長、5月には川口喨史《あきら》会長、10月には堀政夫総裁が相次いで世を去ったのである。死因はいずれも肝硬変であった。

ヤクザ渡世にあって、大組織の要職がいかに重責であり、神経の休まる暇さえない激務であるかを物語ってあまりあろう。いわば、〝戦死〟とも呼べる親分衆の死と言ってよかったかも知れない。

死に至る病であることに誰も気付かなかった

1月11日に亡くなった小林楠扶本部長の葬儀は5日後の16日、東京・目黒の祐天寺において執り行われ、全国から1万人を超える関係者が弔問に訪れた。

その葬儀に参列した川口喨史会長は、さすがに小林本部長の死にショックを隠せない様子であったが、まさか川口会長自身が4ヶ月後に急逝するとは誰にも想像さえできなかったろう。

体の悪いところはどこにもなく、体調もよく、いたって元気であったからだ。

それから1ヶ月後の2月14日には、川口会長は、都内のホテルで催された関東二十日会と関東神農同志共催の恒例の両首脳による合同食事会に出席している。

このときも、川口会長は病気の兆候さえなく、元気そのものだった。同じテーブルには関東二十日会の錚々たる親分衆が顔をそろえた。いずれも顔馴染みで親交がある面々ばかりであったので、川口会長はこの日も彼らと楽しく談笑している。

彼らの誰に、3ヶ月後の川口会長の急逝が信じられたであろうか。

そんな川口会長であったから、5月中旬、体調を崩し、体の具合が悪くなっても、自分ではあまり気にもかけなかった。熱があり、咳が出るので、

「こりゃ、風邪だな」

と自分で判断すると、忙しさにかまけて病院にも行かなかった。普段から健康管理には人一倍気をつけていたのだが、住吉連合会という立場は多忙で、なかなか病院へ行く暇もなかった。

が、体調はいっこうによくならず、さすがの川口会長も、ついには病院へ行くよりなかった。医師の見立ては風邪ではなくて肝臓が悪いとのことで、即入院となったのだった。

それでもまだまわりの者たちは、川口会長の容態がそれほど悪いとは知るよしもなく、いずれ元気になるものとばかり思っていた。まして死に至る病とは、誰も夢にも考えていなかった。

入院する前まで変わらず酒を飲んでいたし、色白の肌もそのままで、肝臓が悪いという兆候はどこにも見当たらなかった。

川口会長は酒は強く、クラブなどで飲むとつい朝になってしまうこともあったという。酒豪といってもよかった。

見栄っ張りでダンディ、入院中も弱味は見せない

5月20日、日野一家（現・住吉一家日野）の古参幹部が、病院へ見舞いに訪れると、川口会長はベッドを起こして新聞を読んでいる最中だった。

「親父さん、具合はいかがですか」

幹部が訊ねると、

「おお、オレは大丈夫だ」

などと済ました顔で答えている。まだ入院していくらも経っていない時期だった。

その様子を見て、幹部も安堵した。

〈よかった。思ったよりずっと元気そうだ。これならジキに退院できるだろう〉

と楽観的な気持ちになるのも、無理からぬところだった。

だが、容態はそうではなかった。

その幹部が、

「じゃあ、親父さん、くれぐれもお大事になすってくださいよ」

と帰るや否や、川口会長はすぐさまベッドを倒して横になった。ついさっきとはうって変わって、かなりきつそうな顔になった。

「――会長!」

お付きの若い衆があわてて駆け寄ろうとするのを、会長が手で制した。

実はその症状はよくなるどころか、日増しに悪くなっていたのだ。本人はもとより、側近たちにも何も知らされていなかったが、すでに肝臓は重度の肝硬変のためボロボロで、軽石のような状態であったという。

川口喨史という親分は、昔からそんな風にいくら具合が悪くても、たとえ身内であれ、決してそれを見せるような人ではなかった。

実はこの日も、その幹部がくることを聞いて知っていたので、くる時間に合わせてベッドを起こし、元気な風に振るまっていたのだ。

そのことを知っているのは、お付きの若い衆だけだった。昔気質の親分だけに、見栄っぱりでダンディ、何より人に弱みを見せることを嫌ったのは、性分というしかなかった。

だが、むろん日に日に悪化していく様子は、もはや身内の幹部たちに隠し通せるものではなかった。

死期を迎える川口会長、苦悩する堀総裁

川口会長の容態を案じた住吉連合会の堀政夫総裁も、何度か病院に見舞いに駆けつけた。総裁は誰も伴を連れず1人で電車に乗ってくるのがつねだった。たまたま医師の検診も重なったりして病室へ入れないときには、総裁はその間、待合室で待つのである。

あるとき、川口会長の側近幹部が、待合室で待っているはずの堀総裁を呼びにいくと、そこに総裁の姿はなかった。

屋上だと教えてくれる人があって、その側近が屋上にあがると、ちょうど日暮れどきで、夕焼けが真っ赤に屋上を染めあげていた。

案の定、総裁はそこにいて、ひとりでベンチに腰かけていた。

駆け寄ろうとして、ハッと側近の足が止まったのは、総裁が下を向いてジッと物思いに耽っているように見受けられたからだった。なぜか近寄りがたい雰囲気があった。

住吉連合会という巨大組織のトップとしての人知れぬ苦悩、孤独の影を、その側近はそこに初めて見たような気がしたのだ。夕焼けがこのうえなく寂しく感じられてならなかった。

だが、その側近にしても、まさか川口会長の死に続いて、堀総裁がこの5ヶ月後に急逝する運命にあろうなどとは、夢にも信じられようはずもなかった。

5月も末に近づくと、川口会長の症状はいよいよ明日をも知れないという状態になって、日野一家の側近たちは病院近くのホテルに泊まり込むことになった。

ホテルに詰めていた彼らに、「川口会長、危篤」の知らせが入ったのは、5月31日の未明であった。

彼らが即座に病院に駆けつけたときにはすでに遅く、川口会長は息を引きとったあとだった。

安らかに眠るがごとく、いつもと変わらぬ川口会長の顔がそこにあった。

「親父さん！」

もはや呼べど還らぬ人となっていた。

川口喨史は61年の波瀾の生涯を閉じたのである。

川口四代目の跡目をとり日野五代目を継承したのが山口吉次郎親分で、山口五代目亡き後、平成16年に住吉一家日野六代目を継承したのが、住吉会阿形充規会長補佐であった。

阿形六代目が最後に川口会長と話をしたのは、亡くなる2日前のことだった。

六代目が病室を訪ねると、姐が川口会長のベッドを起こし、

「あなた、阿形さんがきてくれましたよ」

と声をかけると、川口会長も、

「おお、阿形か。ご苦労さん」

と応えるのだが、すでに意識は朦朧としており、ほとんど話はできなかった。それでも阿形六代目の、

「親父さん、早く元気になってくださいよ。私はできの悪い不肖の子ですから、まだまだこれから親父さんのスネをかじらせてもらわなきゃいけませんから」

との言葉に、川口会長は微笑んだように見えたという。

前年の平成元年暮れ、阿形六代目はいきなり川口会長に呼び出され、

「いままでお前の右翼運動に対して、オレは10円玉1つ出してやらなかったけど、よ

く頑張ったな。これからはオレが毎月百万円出してやろう」

と支援を申し出られ、川口会長はそれを実行に移してくれていたのだという。

そうしたことがあって、川口会長に対する阿形六代目の前述のような科白になったのであろう。

むろんそれが、

「親孝行したいから長生きしてもらいたい」

ということの逆説的な表現であることは、当の川口会長を始め、姐にも誰にもわかることであった。

No.28

岩田好晴【波谷組系岩田組組長】

度胸だめしのロシアンルーレットで花と散った〝山波抗争〟の火付け役

抗争最中に発見された謎の射殺死体

平成2年12月6日夜10時、神戸市中央区生田町のマンション「Nハイツ」2階の一室で、側頭部を拳銃で撃ち抜かれた中年男性の死体が発見された。

発見者は、部屋の電灯が数日前から点けっ放しであることに不審を抱いたマンションの管理人であった。彼が合鍵で部屋に入ったところ、パジャマのズボンと上半身下着姿で、布団に俯せに倒れ頭から血を流して死んでいる男を発見したのだった。

右側頭部から左側頭部を撃ち抜かれ、頭部を北向きにして死んでいたその男には、背中一面に昇り鯉、右太股に生首と牡丹、左太股にも牡丹の刺青があった。

この男こそ、波谷組系岩田組岩田好晴組長で、まさに半年ほど前に勃発し、いまだ終結せず激烈さを増してきていた〝山波抗争〟の火付け役ともいえる人物であった。

その抗争が〝山波抗争〟と呼ばれたのは、五代目山口組と波谷組との激突であったからだが、抗争が勃発したのは半年前の平成2年6月28日のこと。同日、福岡市内の路上で山口組系弘道会（司忍組長・名古屋）の下部組織の幹部が、波谷組（波谷守之組長・大阪）の下部組織幹部に射殺されるという事件が発生したのだ。

原因は幹部の移籍をめぐるトラブルだった。前年暮れ、岩田組に入る約束をしていたはずのその幹部が、弘道会系組織の盃を受けたことで、面子を潰されたとして岩田組長が激怒。幹部に命じて射殺という挙に出たのだった。それが発端であった。

この射殺事件の容疑で、岩田組長は福岡県警から指名手配されていた。

これに対し、弘道会側からの報復攻撃はすぐさま起こった。

その日の午後11時ごろ、愛媛県宇和島市の波谷組系事務所に2人組が押し入って、拳銃を乱射、組員1人が重傷を負った。

同じころ、大阪市東淀川区の波谷組系大日本正義団の本部長宅にも、拳銃5発が撃ち込まれた。

翌6月29日には、抗争とは関係のない一般市民が襲撃されるという人違い射殺事件まで引き起こしてしまう。

同日夜9時半ごろ、大阪市住之江区の66歳の会社員宅の玄関に、宅配便の段ボール箱を手押し車に積んだ男2人が近づき、窓越しに会社員を射殺したのだ。会社員は2週間前に引っ越してきたばかりで、以前はそこに波谷組幹部が住んでいたという。どうやらヒットマンは間違えて襲撃してしまったようだ。

この人違い射殺事件を重く受け止めた山口組は、ただちに全直系組織に抗争中止命令を厳命した。

が、7月に入っても、山口組による波谷組への報復攻撃は止まらず、大阪を中心に発生した波谷組系事務所や組員に向けての発砲件数は十数件に及んだ。

当初は弘道会対波谷組と見られたこの抗争、事件直後から複数の山口組直系組織の襲撃部隊が報復戦線に参戦、〝山波抗争〟といわれるゆえんとなった。

この後、銃声はしばらく鳴り止んでいたが、11月末から12月に入って波谷組に対する山口組の報復攻撃が再燃するかのような動きが出始めていた。

12月2日には、西成区太子の波谷組系大日本正義団事務所に向けて、走る電車（南海電鉄天王寺線）の窓から身を乗り出して拳銃を乱射するという衝撃的な事件が起きている。山口組系倉本組内天道会組員による発砲であった。

そうした状況下、突如起きたのが、抗争の発端をつくった波谷組系岩田組岩田好晴組長の変死体が神戸市内のマンションで発見されるという事件だった。

自殺か、他殺か、それとも事故死なのか――。関係者の間で様々な憶測が乱れ飛んだ。

「追いつめられて自殺したのではないか」

「山口組の報復部隊によって消された」

「手に負えなくなった波谷組による内部粛清」

「拳銃の暴発」

その後の兵庫県警の捜査の結果、岩田組長とともに同マンションに潜伏していた2人の幹部の身元も割れ、その自供等によって事の真相が明らかになった――。

殴り込み数日前、度胸試しの引き金

その夜――平成2年12月4日夜、岩田組幹部U、波谷組系向組幹部Mの2人が、新神戸駅に程近いマンション「Nハイツ」に戻ったのは、11時半少し前だった。すでに岩田組長は布団を敷いて、腹這いになって寝そべっていた。

同マンションには10月下旬ごろから3人で同居するような格好になっていた。岩田組幹部のUは福岡の射殺事件の実行犯で、指示役の親分岩田組長とともに福岡県警から指名手配されている身だった。

この日は午後4時ごろ、3人そろってNハイツを出て、大阪市内の向組のアジトに向かった。同アジトに到着したのは午後6時ごろで、向組組長や向組若頭と合流し、皆とビールを飲みながら今後のことを話しあった。

午後11時ごろ、3人は向組アジトを引き上げ、タクシーで神戸のマンション前へ戻った。UとMの2人は近くのお好み焼き店に立ち寄り、岩田組長だけが先に部屋に帰った。岩田組長より30分ほど遅れてマンションに戻った2人も、岩田組長の横に布団を敷いて横になった。

そのうちに向組幹部のMが、38口径の回転式拳銃を取り出して、弄んでいると、岩田が、

「おい、その拳銃《チャカ》、ちょっと貸してみい」

と声をかけてきたので、Mが手渡した。

「明日、山口組本部の様子を探りにいくけん、目覚まし、9時に合わせとけよ」

岩田組長は2人に指示すると、拳銃を器用に操作し始めた。

「おい、M、よく見てみい。ここがな……」

Mに拳銃の部位の名称を説明しながら、岩田組長は弾丸を1発だけ詰め込んだ。そのうえで弾倉をクルクル回し、銃口を自分の右側頭部に押し当てた。ずっと寝そべったままだった。

「ロシアンルーレットじゃ」

と言って、岩田組長が引き金を引いたときには、MとUがとっさに止める間もなかった。いや、すでに2人にはそれがデジャブのような光景で、岩田組長が度胸試しにロシアンルーレットをするのは、それが初めてではなかった。福岡から逃亡後、アジトで4、5回は試していた。

そのつど「カチッ」と音がして不発に終わるのがつねだった。

三浦友和主演の東映映画「悲しきヒットマン」にもロシアンルーレットで決着をつける場面があり、岩田組長とUはその映画を逃亡先で何度もビデオを借りて観ていた。

「えらいカッコええな。けど、ワシも度胸やったら負けはせんぞ」

とは、岩田組長の口癖であった。

実際、岩田組長は度胸がよかった。当たる確立が6分の1という拳銃の引き金を引くときも何ら躊躇することはなかった。まるで直後の「カチッ」という不発の音を端から知っているように。

だが、今度ばかりは違った。

「パーン！」

という破裂音が鳴り響いて、銃弾は岩田組長の頭を撃ち抜いていた。岩田はうめき声ひとつ漏らすことなく、そのまま倒れた。

仰天したのは、MとUである。頭から血を流して、ピクリとも動かなくなった岩田を、呆然と見た。Uがはね起き、

「オヤジ、どうしたんじゃ⁉」

と叫びながら、組長を抱きかかえ、その両肩を強く揺さぶった。が、まるで反応はなかった。

「オヤジのバカヤロー！」

Uが泣き叫んでも、岩田の目は再び開くことはなかった。即死だった。

岩田好晴は41歳という若さで、度胸試しのロシアンルーレットで花と散ったのである。

「いや、度胸試しというより、運試しではなかったのか。なぜなら岩田らは9日後の山口組総本部で開催される山口組直参組長108人が集まる事始めに狙いを定め、殴り込む計画を立てていた。生還の難しい、その一か八かの決行の運を占おうというような気持ちもあったのかもしれない」（消息筋）

岩田は、きれいに死ぬのがヤクザの本望と考えるような古いタイプの極道であった。〝最後の博徒〟と謳われた波谷守之組長の熱烈な信奉者で、男の美学を貫くことを信条としていたようだ。

死に場所となった潜伏先のマンションからも、彼の書いたメモ帳が発見されており、そこには、

「男は男の道を行く」

「男は逃げたらお終い」

「カタギさんには迷惑をかけぬが男」

といった文言が書き連ねてあったという。

No.29

橋本時雄

【松葉会会長補佐出羽家一家五代目総長】

洞爺丸の難を逃れた男の波瀾の人生

青函連絡船事故の誤報。紙一重の〝九死に一生〟

松葉会会長補佐の出羽家一家五代目橋本時雄総長が、動脈瘤破裂で急逝したのは、平成5年1月29日のことだった。

松葉会の重鎮として68年の激動の生涯を終えた橋本総長。実はこれより39年前、29歳のとき、橋本時雄はその死亡通知がラジオで全国放送されたことがあった。

昭和29年9月26日に起きた国鉄青函連絡船洞爺丸の遭難事故にからんでのことだった。

同日夜、折からの台風15号によって、函館港外七重浜付近で沈没した、いわゆる

〝洞爺丸事故〟は、日本で最大の海難事故となった。

直後からラジオがこのニュースを叫び、翌日になると、大惨事の相貌がよりくっきりとなる。なんと乗客・乗組員の死者と行方不明者が1183人にも達し、タイタニック号遭難に次ぐ大規模な海難事故であったことが明らかになってくる。

終日、ニュースが流れ、死亡者の姓名が新聞に載り、ラジオでも報じられていく。

「……藤田卯一郎、藤田米子、橋本時雄……」

時の松葉会会長、その夫人、同会幹部の3人の姓名がラジオから流れたとき、関係者の驚きはどれほどのものであったことか。

「同姓同名の別人じゃないのか。けど、姐さんと橋本の名も並んであるとなると……」

「会長と姐さんが橋本さんと一緒に北海道へ行ってるのは、確かです」

「何だって⁉」

松葉会本部の問い合わせの電話も鳴り止まなかったという。

間もなくして3人は洞爺丸に乗らなかったことが判明し、関係者は一様に胸をなでおろしたものだが、事の真相はこうだった――。

5日ほど前から、親分の藤田卯一郎と姐さんを招待して北海道旅行中であった橋本時雄は、定番の観光地をまわって、4日目、親分夫妻を札幌・月寒《つきさっぷ》の競輪場に案内した。

当時の橋本は東京・田端に事務所を置き、賭博、競輪、興行などをシノギにして売り出し中であった。とくに大衆ギャンブルの先兵として戦後たちまち全国に普及した競輪の世界では、〝競輪の橋本〟の異名をとるほどだった。

むろんその名は単に競輪に強いとか、精通していることからついたものではなく、顔役的な存在として深く関わっていたがゆえのものだった。

そんな橋本が北海道旅行中、藤田卯一郎を月寒競輪場に案内し、

「親父さん、今日はでかい勝負に出ますから。面白いものをお見せできると思いますが、確実な線ですので御安心ください」

と豪語したのも、絶対的な自信に裏付けられてのことだった。

お目当てのレースが始まり、選手が一斉にペダルを漕ぐ。コーナーを何周かまわって、最後の鐘《ジャン》が鳴る。沸き立つ観衆の声援と怒号。すべては橋本の思い通りに進行していた。

思わぬ手違いから車券を外し、おまけに乗るはずだった洞爺丸まで外したのだから、橋本はなんとも運命の不思議さを感じざるを得なかったようだ。いずれにせよ、紙一重の差で九死に一生を得たわけで、やはり強運の持ち主といってよかったろう。

厳しかった雷オヤジが死ぬ間際、優しい言葉を……

昭和59年末、松葉会は中村益大五代目会長体制が発足すると、橋本は会長補佐という要職に就任、新任松葉会の重鎮として会長を補佐し、組織固めや対外交渉に大いに手腕を発揮した。

そんな〝松葉会の顔〟として東奔西走していた橋本が、前述のように動脈瘤破裂で急逝したのは、平成5年1月29日のことだった。享年68。

その葬儀は「関東二十日会葬」として盛大に営まれたのだった。前年暮れには、松葉会の中村益大会長が急逝し、橋本がその葬儀委員長をつとめたばかりであった。

橋本五代目総長の最期を看取った出羽家一家の幹部たちから、かつて話を聞いたことがあった。

「親父はその前から入退院を2、3回繰り返していたんだけど、まさか癌だなんて私らは誰も知らなかった。姐さんから初めて知らされたのは、亡くなる2ヶ月前。本人も知らなかったから、親父は最後まで死ぬなんてことは一切頭になかったと思いますよ。だから、中村会長の四十九日にも行くつもりでいたし、私なんか、死ぬ5日前に病院で雷を落とされているくらいですから」

それだけ元気だったということだが、うってかわって皆にやさしくなったのは、亡くなる2日前のことだったという。

「気持悪いくらいやさしかったですよ。私が何言ったって、ハイハイ、って、あの日のことは親父との思い出のなかでも特に忘れられないことですね。あんなやさしい言葉をかけられたことなかったから」

間近に迫った自身の死を感じとっていたわけではあるまいが、橋本五代目は皆に強い印象を残して去り往く準備をしていたことになる。

「親父と最後に口をきいたのは最後の面会で、死ぬ前日の午後2時半ごろのことです。で、10分くらいいて、『親父、具合悪そうだから』って、帰ったんですが、親父はその後でずっと眠りに就いていてしまい、その夜に喀血が始まったんですからね」

その夜、橋本時雄は2度にわたる多量の喀血に見舞われ、翌29日、ついに帰らぬ人となったのである。

あとに残された出羽家一家の幹部の面々は、跡目をとった大山重男六代目総長を筆頭に、いずれも長い間、橋本先代に仕えてきた者ばかりであるだけに、思い出は尽きぬものがあり、感慨ひとしおといったところだったようだ。そのほとんどの者が鉄拳制裁を受けたり、灰皿で叩かれたクチで、骨身に沁みて先代の愛のムチを体験しているのだ。

若き日、〝競輪の橋本〟の名をほしいままにした橋本先代であったが、晩年はゴルフなどにも取り組んで、自ら競輪場へ足を運ぶことはほとんどなかったという。が、それでも、

「勝負ごとは最後まで好きだったですね。なにしろ、亡くなる1週間くらい前まで、私は立川競輪場へ車券を買いに行かされたくらいですから（笑）」

と出羽家一家幹部は語ってくれたものだった。

No.30

松井毅【元三代目い聯合会長】

「一日生涯」「いつ死んでも悔いはなし」を貫いた人生

カタギの身となった親分にかつての配下が向けた銃口

いったいどうしてそんなことになってしまったのか。もとより相手に対して憎しみや怨恨など欠片もなかった。

いや、むしろ他の誰よりも親しみを持ち敬愛し、子供のころから盟友として長い間信頼関係を築いてきた相手だった。

それなのになぜ拳銃を突きつけ、その引き金を引いてしまうような事態になってしまったのか。

それは2人を知る者には皆目理解の及ばぬ謎であったが、もしかしたら他の誰より当人自身にもまるでわからぬことだったかも知れない。

事件が起きたのは、平成5年5月6日午前11時半ごろのこと。場所は大阪・堺市の土建業「和泉エンタープライズ」の事務所内であった。

そのとき、同社を経営する元三代目い聯合《れんごう》松井毅会長は、40分ほど前に訪ねてきた相手と面談中だった。

と、その最中、どういう成り行きからそうなってしまったのか、相手の手にはいつのまにか拳銃が握られていた。はたして本当に最初から撃つ気があったのかどうかわからない。その銃口が松井会長に向けられているということ自体、双方とも信じられないことだったろう。

いや、そもそも2人の関係を知っている者にすれば、その話し合いに銃を持参してきたということが、考えられない話だった。まして松井会長はその4ヶ月前、三代目い聯合を解散して自身も渡世を引退、カタギの身となっていたのだ。

だが、銃口は火を噴き、銃弾は松井会長の左胸部に命中した。会長は倒れ、ただちに堺市民病院に運ばれたが、間もなく出血多量で死去するに至った。

犯人はすぐに割れたが、驚くべき事実が明らかになった。松井会長を射殺したのは、あろうことか、元三代目い聯合のO事務局長であった。

O事務局長と松井会長はとりわけ近い仲で、2人は不良少年グループ当時からの〝竹馬の友〟であり、長年にわたっての盟友でもあったのだ。

消息通の組関係者からは、

「信じられん話や。盟友として支えあってきた2人の間に、どのような感情のもつれやトラブルがあったのかはわからん。事件の当日も2人で40分ぐらい話し込んどったらしいが、その場の成り行きであんなことになってしもうたようや。長年の盟友関係が、かえってあんな不幸な結果を招くことになったのかも知れん」

との弁が伝わってきた。

事件の動機については、2人の金銭問題とも言われているが、いまもって詳しくわからない。

事件後、逮捕された元事務局長は、警察の調べに対し、

「金銭問題で松井会長と話し合っていたが、話がこじれ、所持していた拳銃の引き金を引いてしまった。その場の成り行きによる犯行で、殺意はまったくなかった」

との供述をしている。

「一日生涯」を座右の銘として掲げ――

松井会長は亡くなる2年ほど前、某誌のインタビューで、生き方・信条を問われて、こう答えている――。

「私が自分自身に言い聞かせていることといえば、それは『一日生涯』ということですわ。その日、その日がすなわちすべてで一生――そんな思いで悔いのない日を送っていきたいとの願いなんですが……それが精一杯生き過ぎて後悔ばかりが残るというわけで（笑）……。それに、もう50も過ぎてこの渡世の灰汁も十分に汲んできたわけです。この渡世の汚さ、ずるさ、卑怯さ、そんなことのどれもを十二分に身につまされて味わってもきたんです。言ってみれば、物ごとや人の心にはあまりにも表裏の差があり過ぎるということですわ。だから、せめて自分としては、できるだけ表裏の差のない人間にならねばと心がけとるんです。そうしたことが、ワタシの処世訓といえば処世訓です」

現役時代から「一日生涯」を座右の銘として、

「いつ死んでも後悔のないように心がけている」

とつねづね口にしていた松井会長ではあったが、いまだ55歳というあまりに早過ぎる死であった。

松井会長が、「い桁の代紋」で知られ、「浪花の侠客」と広く侠名を売った池田大次郎親分の譜に連なる「い聯合」の三代目を継承したのは、昭和61年3月のことである。以来、平成5年1月の解散に至るまで、三代目い聯合は松井会長の統率のもとに、大阪でも名うての伝統組織として、その名跡と地盤を堅持してきた。

もともと現役当時から松井会長は、実業家としての手腕に定評があり、実父の生業である土建業を引き継ぎ、大阪・堺市を中心に事業を発展させてきた。

そのため、在阪の実業家との交際は広く、一部上場の大手建設会社からの下請けなどで、生業である土建業が企業グループの基幹となっていた。

「メシ食うためにヤクザしとるんやない。好きやからヤクザしとるんや」

と広言し、事業とヤクザ渡世とは別のものという考え方であったから、事業のほうにもなみなみならぬ力の入れ方だった。

その結果、三代目い聯合の企業グループは60社を数えた。その中核が松井会長が社長をつとめる土建会社であった。ヤクザ渡世を引退したことで、いよいよ実業家として事業の発展に力を注ぐべく邁進していた最中の死であった。

実業家として志半ば。各方面から哀惜の声

その死を惜しむ声は各方面から挙がった。親交のあった会社社長は、

「彼が現役当時からのつきあいだが、事業家としても対等に話せる相手だった。仕事のうえで極道のヨロイをちらつかせたり、強引なやり口で迫るようなことは一度としてなかった。仕事に対しては誠実だったし、約束も固かった。友人としても信頼できる人物だった。これからというときに、こんなことになってしまって残念というしかない」

と述べている。

また、松井会長とは取材を通して知り合い、10年来の知己を結んできた在阪ジャーナリストも、こう述べてその死を悼んだ。

「そら、ショックですわ。そんなバカな！　とわが耳を疑いました。現役中は仕事面

でも取材で世話になっていて、いつも会うたびに、『長いつきあいの友達同士やないか。ワシにできることなら、どんなことでも遠慮なしに言うてんか』と気遣いの言葉をもろうてましたから。気さくで誠実な人柄でね、あの人懐っこい笑顔が忘れられまへんわ」

現役当時から、あえて敵を作らず——という姿勢に徹し、人に恨みを買ったり、敵対視されることもなかった松井会長だけに、その不慮の死はなおさら信じられなかったという。

内輪揉めもとことん嫌い、会長は生前、

「身内で同じシノギに手を出せば、張り合うことになり、争いにもなって、身内の和も崩れてくる。お互いが違ったシノギをしていれば、他人の領分に踏み込むこともないわけだ」

とも語り、身内には同じシノギをさせないことをモットーとしていた。

そうした松井会長であっただけに、会長を知る人たちにとって、その志半ばの死はなんとも痛ましく無念というほかなかったに違いない。

だが、「一日生涯」「いつ死んでも悔いはなし」という生き様を貫いてきた松井会長にすれば、そうした死に様もまた覚悟のうえのことであったろうし、「ワシはワシの人生を全うしたのだ」と達観して死んでいったかもしれない。

No.31

三神忠【四代目会津小鉄小頭四代目荒虎千本組組長】

「オレの墓をここに……」先祖の墓の前で拳銃自決

私が四代目会津小鉄小頭の四代目荒虎千本組三神忠組長と最後に会ったのは、平成5年10月23日のことで、その3日前の10月20日、東京・築地の朝日新聞本社において壮絶な拳銃自決をとげた民族派・野村秋介の葬儀の席上であった。

とはいっても、格別に親しくさせていただいたわけではなく、三神組長とは2度ほどお会いしたことがあるという程度の交流でしかなかった。

だから、野村秋介邸で行われた葬儀の際も、挨拶申しあげたのだが、はたしてこちらを何者かとわかってくれたかさえ心もとない。ひところ図越利一総裁の取材でたびたび京都の総裁邸にお邪魔したことがあり、その過程で三神組長とは会津小鉄会館で顔をあわせ、紹介していただいたことがあったというだけの縁だったからだ。

が、私の友人のライターやジャーナリストのなかには、三神組長と親交のある者がいて、その人となりをよく聞いていたものだ。一様に、面倒みがよくて気さくな人柄、律儀で折目正しい親分、なかなかの人物――との評だった。

この三神組長が拳銃自決をとげたのはそれから10ヶ月後、翌6年8月30日のことである。

一報を聞いて、野村秋介の死にかたに似ていることにまず驚かされた。

野村は自決現場である朝日新聞本社へ息子を連れていき、社長にも会わせ、そのうえで、

「男が節義を全うするとはこういうことだ」

と言い、その目の前で自分の胸に銃弾3発を撃ちこみ、自らの死に様を息子に見せたのだった。

三神組長も京都市右京区の松巌寺に息子を同行し、先祖代々の墓に手を合わせたあと、その墓を息子に示しながら、

「オレの墓をここに建てるように」

と告げたという。自決したのもその墓の前だった。あぐらをかいて座りこみ、中国製短銃トカレフを自分の左胸に撃ちこんだのだ。

この日、京都の日中最高気温は35度を記録、激しい残暑だった。

京都市消防局に「組長が自殺した」と119番通報が入ったのは、午後10時10分ごろであった。

連絡を受けた京都府警太秦《うずまさ》署員が、京都市右京区嵯峨天竜寺芝ノ馬場町の松巌寺に急行、同寺の墓地で、胸を拳銃で撃って倒れている男性を発見した。

左胸から血を流して倒れていたのは三神忠組長で、すぐに近くの病院に運ばれたが、左胸を撃ち抜いており、間もなく死亡した。

自決現場は、同墓地にある三神組長の先祖代々の墓の前。三神組長はこの日夜、26歳の二男と組員とともに墓参に訪れた。そして前述のような方法で自決をとげたのだった。

太秦署員が駆けつけたときは、半袖シャツにズボン姿で仰向けに倒れており、二男と組員が傍にいた。遺書はなかったという。

三神組長の葬儀は9月2日午後2時から京都市右京区の天竜寺で営まれた。

施主を高山登久太郎会長がつとめたことから形式上は「組葬」を兼ねた本密葬だった。ただ、三神家の告別式ということでもあったためか、「外部団体の関係者には御遠慮願った」（関係者）という。

葬儀には、会津小鉄の幹部・組員が喪服姿で多数参列。目立ったのは、生前の三神組長の交際の広さを物語るように、大勢のカタギ衆が焼香に並んだことだった。

会場前には、地元の企業を始め多くの会社の樒《しきみ》が並んでいたほか、会場内には、親交のあった芸能人や著名人からの供花も相当数あった。

京都府警や太秦署では、自殺の動機や理由について、関係者から事情を聞くなど、調べを進めたが、はっきりしたことはほとんどわからなかったようだ。

「数日前から何か悩みごとがあったのか、様子がおかしかったと聞いている。死ぬ前の数日来、二男と組員が付き添っていたらしい。すでに自殺を考えていたのか、『形見分けや』と言っては、息子さんや娘さんに絵画や時計など身のまわりの物をやっていたそうで、まわりの者は『ちょっと変やなあ』と気づいていたようです」（捜査関係者）

「自殺の動機なんてわからんよ。こっちが知りたいぐらいや。あの三神組長が自ら命を絶ついうような行為に走るとはとても信じられん。まだまだ組織のために頑張ってもらわななららんのに、惜しいこっちゃ」

とは、当時の関係者の弁だった。

その突然の死に、皆一様にショックを隠せなかったのだが、それは身内だけでなく、他団体の関係者とて同様であったようだ。

「三神組長ほどの名の知れた極道が自決するというのは、よほどのことがあったということだろ。なぜ自死の道を選んだのかなんて、それは本人にしかわからないよ。三神組長といえば、高山会長の側近幹部で、会長からの信頼も厚かったと聞いている。何より男として脂も乗りきって、これからっていうときだったんだから」（某組長）

三神組長の率いた荒虎千本組は、老舗の名門組織が多い会津小鉄のなかにあっても、由緒ある老舗として知られる。

初代笹井三左衛門が明治の初期に家名を立て、二代目笹井静一、三代目笹井末三郎と続き、三代目時代は戦中、戦後の京都の映画界に隠然たる力を誇ったと伝えられる。昭和44年に三代目が死去したあと、しばらくその名跡を継承する者がなかった。平成2年3月、会津小鉄の最高幹部として三神組を率いていた三神忠組長が、その縁の深さから四代目を継承することとなり、伝統の名跡は21年ぶりに復活したのだった。

荒虎千本組は、もともと京都・太秦周辺が勢力範囲だった。太秦には日本を代表する映画撮影所が集まっており、その関係で昔から映画人、俳優、女優らとは深い縁と関わりがあった。東映撮影所、大映撮影所などに出入りした映画人、とくに時代劇全盛のころの時代劇俳優たちは、昔から荒虎千本組の関係者との交流は深かったのだ。

三神組長は、撮影所に出入りする俳優や映画人たちから、「オヤッさん」「親分さん」「組長さん」などと呼ばれて慕われてきたという。

三神組長は自死する前の数年、刑務所内の人権問題、規律改善運動に真剣に取り組んでいたといわれる。東京のホテルで、前述の民族派リーダー・野村秋介や人権派弁護士遠藤誠らを前面に立て、この問題で大々的な記者会見の場を設けたこともあったという。であればこそ、その死は、野村の自決に少なからぬ影響を受けたということも多分にあったのかも知れない。

No.32

川上三喜【稲川会常任相談役山梨一家初代総長】

従容として死にゆくのみ
――医師をも驚愕させた精神力

〝モロッコ〟の系譜を汲む稲川会草創期の功労者

稲川会初代山梨一家川上三喜総長といえば、稲川会が山梨県に根をおろし、盤石の地盤を築くにあたって、その原動力となった功労者。何より稲川会の基盤を築いた1人といわれ、草創期の伝説的な幹部としていまも語り継がれる〝モロッコの辰〟の系譜を汲む最後の現役の親分として知られていた。

その稲川会常任相談役の川上三喜山梨一家初代総長が、入院先の病院で癌のために死去したのは、平成6年10月29日のことだった。享年67であった。

その葬儀は甲府市内の式場で執り行われ、関東二十日会を始め、全国から錚々たる親分衆や関係者が約3千人も参列する盛大なものとなった。改めてこの渡世における川上三喜という親分の大きさを痛感した身内の人間も少なくなかったという。

葬儀の席上、御礼の挨拶を述べたのは、当時の稲川会の杉浦昌宏組織委員長（現・最高顧問）であった——。

「……故人となられました川上総長は、若くして任侠を志し、持ち前の度量と侠気を以て優往邁進、稲川会発展途上から今日に至るまで、献身的にご尽力をなされてまいりました。その間には、甲府の親分として内外の信望を集め、近年、山梨一家を創設いたしました。稲川会はもとより任侠界のためにも大きな貢献をしてまいりました。

不幸にして突然の病魔に襲われ、近親者、組員の看護もむなしく、薬石効なく、67歳を以て、去る平成6年10月29日、ついに幽明境を異にしてしまいました。立派な親分を亡くしましたること、稲川会一同、私どもにとりまして、このうえない不幸であり、誠に哀惜の念に堪えません。本日、この惜別のなかでの通夜、密葬、本葬儀でございますが、皆さまがたの温かい御回向に接するとき、さぞかし故人も泉下で満足してくれるものと推察を致すものでございます……」

この川上三喜総長が亡くなるまでの約2年間、「総長付」としてずっと側に付いていた1人が、先ごろ急逝した稲川会直参の初代松本一家松本隆総長であった。

その松本総長から、川上三喜親分が亡くなった当時、いろんな思い出話を聞いたことがあったのだが、氏は開口一番、

「(川上)総長との思い出といったら、怒られたことばっかり。もう自分くらい怒られた人間もいないでしょうからね。悪さばっかりしてね。一番の悪ガキでしたから、指があるのが不思議なくらいですよ」

と振り返ってくれたものだ。

毎年、病院で精密検査を受けても異常はなく、毎晩、甲府のネオン街を3軒ほどハシゴするのを日課とするほど元気だった川上総長の体調が急に悪くなったのは、亡くなる前年の4月のことだった。

脳血栓で倒れて病院に緊急入院し、いったんは回復して退院したのだが、その後、体調を崩して再び入院を余儀なくされ、闘病生活を続けていた。すでに癌は身体中に転移していたという。

だが、川上総長はただの1度も弱音を吐いたこともなければ、痛がる素振りも見せず、最後まで泰然自若とした姿勢は変わらなかったという。

「病院の院長がびっくりしてましたね。総長は7ヶ月近く入院生活を送ってたんですが、その間、お医者さんに、どこが悪いのか、病名は何か、いつごろ治っていつ退院できるのか——といったことを、ただの1度も訊かなかったというんです。こんな患者は初めてだって言ってましたね」

死に様こそ生き様——ここにこそ、川上三喜という男の真骨頂があると言えよう。

川上総長自身、薄々には自分の病気も死期も悟っていたのではないだろうか。だからこそまわりに気を遣わせまいとしたわけだが、それにしても大変な精神力に違いない。いまさらジタバタしても始まらない、従容として逝くのみだ——という、昔気質の美学を貫いたのだ。

「毎日、朝10時ちょっと過ぎに病院へ行ってましたけど、つらかったですね。つきそっている姐さんも若い衆もいるんですが、皆、シーンとしているわけですよ。総長の病状も良くないし、病室が重苦しいんです。けど、オレはそんな空気がたまらなくて、いつもバカばっかり言うんですよ。そのときだけは部屋も明るくなったんだけどね……」

そんな松本総長にとって、川上総長の入院中、忘れられないことがあったという。

亡くなる3日前のことだった。川上総長はそれまで1週間くらい食べ物を一切受けつけない状態で、ずっと何も食べていなかった。

松本総長はその日、朝一番に起きて、甲府の有名な鰻を焼いてもらい、それを川上親分に食べてもらおうと病室に持って行った。なにしろ、その店の鰻は川上の大好物だったのだ。

「そしたら、総長はそれを食べてくれてね。おいしいや、なんて言ってくれて。うれしかったですね。結局、それがご飯を食べた最後だったそうですよ。あとでそのことを聞いたとき、胸にジーンときましたね」

稲川裕紘会長をして「三喜の死に水はオレが……」

松本総長が矢崎組矢崎政文組長の舎弟となってこの渡世に入ったのは、16歳のとき。矢崎組長のもと、部屋住み修業に励んでいる最中、入門5ヶ月目に事件を起こして少年院入りを余儀なくされ、その後も松本は博打や喧嘩による懲役が多かった。

「矢崎の兄貴には迷惑かけたね。オレが喧嘩ばかりやってるから、いつも兄貴が、川上総長から呼びつけられて怒られてたんですよ。『破門！』なんて何回言われたか。そのたびに兄貴が総長のところへ行って、謝ってくれたんです。総長からも、『おまえは川上組のガンだ』って、よく言われました（笑）」

若き日に、「カラスの鳴かぬ日はあってもモロッコ軍団の暴れない日はない」といわれた伝説の愚連隊〝モロッコの辰〟の一統として、横浜の街を縦横無尽に暴れ、青春を怒濤のように駆け抜けてきた川上総長にとって、若き松本のヤンチャな姿は、かつての自分と多分にオーバーラップしたことであろう。

川上総長は一晩でボトル1本を空ける酒豪で、入院する前まで毎日欠かさず甲府のネオン街へ繰り出すほど元気な姿を見せていたという。

「夜、まわる店はだいたい3軒で、決まってるんです。行かない日はなかったね。義理があって、遅くなっても、絶対行ってた。それは行かなきゃ店に悪いという気持ちがあったんですね。晩年は韓国の歌が好きで、そればかり歌ってましたね」

川上総長の趣味は、秋田犬と植木。秋田犬の世界では、川上総長は全国的に知られており、チャンピオン犬も何頭か育てていた。本当に好きで秋田犬のこととなると、朝早くから全国どこへでも駆けつけていったとか。

稲川会の重鎮・川上三喜の死は、稲川裕紘会長にとっても、深い哀しみとひとかたならぬ感慨（甲府戦争は若き稲川裕紘会長にとって初陣だったといわれる）があったようで、会長をして、

「三喜の死に水はオレがとるから」

と言わしめ、関係者を感激させたものだ。

「川上総長という親分は、若き日に組のために体を賭け、長い懲役をつとめて甲府平定という大仕事を成しとげましたから、ヤクザとして、男として何ら思い残すことなどない人生だったんじゃないでしょうか」

67年の波瀾の生涯を閉じた川上総長の死に顔も、眠るがごとく、安らかないい顔をしていたという。夢の中で、兄貴分のモロッコの辰とともに暴れまくっていた時代に還っていたのかも知れない。

No.33

樫忠義【元松田連合会長】

〝大阪戦争〟――20年後の決算

死体検証の末、驚くべき事実が

平成7年8月19日午後2時50分ごろのことだった。

大阪府堺市七道西町の大和川左岸側を歩いていた男性が、なにげなく川に目を遣ったところ、視線が1ヶ所に釘づけになった。ギョッとした面持ちで立ち止まる。

「何だ、ありゃ……」

思わずわが目を疑わずにはいられなかった。川にプカリと浮いているものは、どう見てもマネキン人形などではなく、人間にしか見えなかったのだ。俗にいう土佐衛門――男性の水死体でしかあり得なかった。

もっとしっかり確かめようと、その通行人が目を凝らした瞬間、彼の肌は粟立った。その水死体には首がなかったからだ。

彼はあわてて近くの公衆電話に飛びつき、110番通報した。

駆けつけた大阪府警の調べでは、死体は首の部分から鋭利な刃物で切り落とされたような形跡があった。

頭部は付近から発見されなかったが、驚くべき事実が判明した。発見された死体の身元は、身体特徴と指紋照合の結果、なんと約20年前の〝大阪戦争〟で山口組と熾烈な抗争を繰り広げ、12年前に解散した松田連合（大阪戦争時は松田組）の樫忠義元会長だったのである。

府警捜査四課は、殺人、死体遺棄事件と見て堺北署に捜査本部を設置、捜査を開始した。

調べによると、死体に目立った外傷などはなく、Tシャツと黒色ズボン姿で、ズボンのポケットには車のキーと3千円が入った免許証入れが残っていた。

また、死体発見現場の約百メートル上流の橋の中央付近からは、樫元会長所有の乗用車が発見された。車は前日18日昼ごろから駐車されており、ロックされたままの状態だった。樫元会長と見られる男性が1人で車に乗っている姿を、近所の人が目撃していた。車内には争ったような跡もなかった。

その橋の上からは、ヒモのようなものも見つかり、捜査本部は事件との関連を調べた。

それにしても、首なし死体とはあまりにも無惨でショッキングな事件である。山口組抗争史のなかでも特筆すべき伝説として語られる〝大阪戦争〟の一方の頭領に、いったい何が起きたのか。

府警の見解も、当初は樫元会長が何らかのトラブルに巻き込まれて殺害された可能性が強いというものだった。

極道関係筋の間では、

「まさか20年も経つのに、〝大阪戦争〟の遺恨や怨念もないやろ。それはあり得ん話。本人ももうとっくに極道渡世を引退しとる人物。山口組云々というのは関係ないやろ。もしも事件がトラブルがらみの殺人だとすれば、それとはまったく別個のものであるのは間違いない。それにしたって、首なし死体というのはタダごとやない。何が起きたのか、まったく見当もつかんよ」

との意見が一般的であった。

捜査本部の調べによれば、樫元会長は大阪市住吉区千躰《せんたい》で妻と2人暮らし。前日18日の朝7時ごろ、自宅で妻が目を覚ましたときには、すでに元会長の姿はなかった。夕方になっても帰宅しなかったため、妻は住吉署に捜索願いを出していた。

こうした状況から見ても、樫元会長は乗用車が乗り捨てられていた現場まで何者かに拉致され、殺害された後に首を切断され川に投げ込まれた——との線が濃厚とされていた。

事件翌日の20日、頭部が同じ大和川から発見される。その現場は死体発見現場から約6百メートル下った場所であった。

ところが、それを機に、大阪府警の見解は一挙に変わる。事件は一転してまるで違った展開となり、意外な方向へと向かっていったのだ。

死体からは首の切断部以外に外傷はまったく見当たらないという事実が出てきたのである。ということは、仮に樫元会長が何らかのトラブルに遭って殺害されたとすれば、当然その抵抗傷が死体に残るはずなのに、そうした痕跡がないということを意味した。

そこから導き出されるのは、他殺体ではないという結論である。ここに至って、大阪府警は当初の他殺とした見方をひっこめ、改めて自殺が濃厚との見解を打ち出したのだった。

問題の切断された首についても、

《高所からロープなどで首をつって飛び降りた場合、体重の重みで首が切断されることがある》

というのだ。

府警はそれを裏付けるような状況証拠も明らかにした——。

まず、自殺現場と思われる橋の欄干には、およそ4メートルの長さのロープがくくりつけられていたこと。また、傍に停めてあった樫元会長の乗用車のトランクの中にも、同じロープの束とハサミが入っていたという点であった。

21日、府警捜査四課と堺北署は、今回の事件について、樫元会長が自殺を図り、ロープを首に巻いて橋から飛び降りた際、体重の重みで首が切断された可能性が強い——と判断したことを発表。

なお、自殺の動機については、家族らから事情を聴くなど慎重に調べを進めた。

大阪戦争の重要人物、引退12年後の悲報

亡くなった元松田連合会長の樫忠義は、58歳であった。

樫元会長はかつて大阪・西成の強豪博徒組織・松田組にあって、若い時分から、「松田組に樫あり」と評されるほど渡世の逸材として知られていた。

昭和12年8月、大阪市浪速区に生まれ、8歳のころから松田組初代松田雪重組長の実子分として賭場の中で育ち、昭和44年、初代亡き後、二代目松田組組長に推された。当時まだ32歳の若さであった。

最盛時には西成区に5ヶ所の賭場を構え、1日に1千万円とも2千万円ともいわれたほどのテラ銭をあげていたのが松田組である。

二代目を継承した6年後の昭和50年7月に勃発したのが、〝大阪戦争〟であった。同月26日、大阪府豊中市の喫茶店「ジュテーム」で、松田組系溝口組組員ら7人が山口組系佐々木組内徳元組組員ら3人を射殺したのだ。

翌51年10月、松田組傘下の大日本正義団の初代吉田芳弘会長が大阪・日本橋で山口

組系佐々木組組員に射殺され、〝第二次大阪戦争〟に突入した。

さらに53年7月、大日本正義団組員の鳴海清が、京都の高級クラブ「ベラミ」で三代目山口組田岡一雄組長を狙撃して〝第三次大阪戦争〟に突入。

この〝ベラミ事件〟を契機に、山口組は徹底報復に打って出た。その最大のターゲットになったのが、樫忠義元会長であった。

その過程で起きたのが、あっと驚くような山口組宅見組組員らによる空からの樫組長邸奇襲未遂事件であった。

それは機動隊が張りついて厳戒状態の樫組長宅を、模型のラジコン・ヘリコプターにダイナマイトを積んで、空から爆撃、家ごと吹っ飛ばしてしまおうという計画だった。宅見組傘下の組織が、ダイナマイト5本、導火線付きの雷管7本を集め、着々と計画を進めていたといわれる。

ラジコン・ヘリは市価10万円（当時）もする本格的なもので、全長1・4メートル、高さ0・47メートル、重さ8キロで、長さ1・56メートルの回転翼がついていた。これにダイナマイト2、3本を積み込み、ラジコン操縦で半径2百メートルを30分間飛ぶことができたという。

この計画は実行寸前のところまで進んでいたといわれ、テスト飛行も行われていたのだが、すんでのところで大阪府警によって摘発され未遂に終った。

つまり、〝ベラミ事件〟でドン田岡三代目を狙撃された山口組の怒りは、それだけ凄まじかったということである。

山口組の猛攻撃の前に松田組は敗退を余儀なくされ、その後、組織は弱体化していった。

53年暮れ、傘下の有力6団体が松田組を離反、勢力は半減する。そのため、樫二代目は改めて傘下14団体で「松田連合」を結成、再スタートを切った。

だが、54年1月には「関西二十日会」からも脱退、組織は日増しに減少の一途をたどっていく。

「松田連合」がついに解散に至るのは発足から5年後、58年5月のことだった。

同時に、樫元会長は渡世の表舞台から身を退き、その後の消息については、ほとんど伝わることもなかった。

引退から12年後、思わぬところで樫会長の名が再登場、それは氏の壮絶な最期を伝える訃報であったわけだ。

No.34

生島久次【元生島組組長】

まるでギャング映画 大阪駅前白昼の銃撃戦

白昼に飛び交う凶弾。大阪駅前の銃撃戦

平成8年8月26日午後4時15分を少し過ぎたころのことだった。34階建ての大阪駅前第三ビルの北正面玄関に、白い国産高級車が横付けされた。

運転手兼ボディーガードと思しき30代の男がすばやく降りて、後部ドアを開けた。車からゆっくりと降り立ってきたのは、ダークグレーの背広を着た中年の紳士であった。

2人が同ビルの正面玄関に入ろうとしたとき、突然、御堂筋側から2人組の若い男が近づいてきた。

振り返った2人は、自分たちにまっすぐに向けられた2人組の両手に握られていたものが、拳銃であるとはすぐにわからなかった。

ダークグレーの背広の中年紳士に向けられた銃口は、すぐに火を噴いた。

「パーン！　パーン！」

と乾いた銃声とともに、紳士はもんどりうって倒れた。

これに対して、ボディーガードはすばやく拳銃を取り出すと、撃った男に銃弾を撃ち返した。1発、2発、3発。それは相手を直撃し、男は数メートルも吹っ飛んでいく。

ボディーガードはさらにその男に容赦なく3発見舞い、都合6発の銃弾を放ったから、男は拳銃を握りしめたままピクリとも動かなくなった。

この間、もう1人の若い男が、倒れている紳士に上から何度も撃ち込むと、きたときとは反対方面へ脱兎のごとく逃げていく。

「おどれ！」

ボディーガードは急いで紳士に近寄って手首の脈をとりながら、

「おやっさん、大丈夫でっか。おやっさん！」

と耳元で叫んだ。

だが、応答はなく、頭部や胸部からの出血がおびただしかった。

ボディーガードは拳銃をポケットにしまいこむと、前の店に飛び込み、紳士が役員を務める同ビル内の不動産会社の電話番号を告げて連絡を頼んだ。そのうえで、近くの商店の従業員に、

「救急車に連絡してくれ！　110番は後や！」

と大声で叫び、遠巻きにして見物している30人ほどの通行人たちに、

「見せ物やないぞ！」

と一喝し、その場から急いで立ち去った。

その間、わずか2、3分の出来事であったが、双方で計10発以上も撃ち合うという恐怖の銃撃戦に、居合わせた通行人たちも凍りついたのは確かだった。

撃たれた中年紳士は、全身に6発の銃弾を浴びてほとんど即死状態であった。

この紳士の身元が、元菅谷組最高幹部の生島組生島久次元組長と判明したとき、関西ヤクザ界にちょっとした衝撃が走ったのだ。

「菅谷組の金庫番」とも呼ばれた大物組長

生島元組長といえば、12年前の昭和59年に極道界を去ったとはいえ、仲間内からは「サージ」の通称で呼ばれ、関西ヤクザ界では知らぬ者とてない超大物であったからだ。

「ボンノ」こと菅谷組菅谷政雄組長がまだ三代目山口組にいた昭和47年に生島組を結成、大阪・ミナミで金融業や債権取り立て、倒産整理、賭博などをシノギにして確固たる地盤を築きあげた。やがて「菅谷組の金庫番」と呼ばれ、その資産力の豊富さは、「昭和50年代後半で百億とも2百億とも言われたんと違うか」(関係筋)

というほどで、大阪でも屈指の経済力を誇った。

昭和52年に菅谷政雄組長が山口組から絶縁されても、菅谷組長は引退も組の解散もせず、一本独鈷のまま渡世を続け意地を張り続けたが、その解散反対派の急先鋒が生島元組長であったといわれる。

56年になると、菅谷組への山口組の切り崩しが激しくなった。同年6月には、大阪・ミナミの生島組事務所が山口組系組員に拳銃で銃撃され、生島組組員が重傷を負うという事件も起きている。

同年、菅谷組はついに解散に至るのだが、生島組はなお独立組織としての道を歩み、生島組長もそれから約3年間、現役を通した。

その間、昭和58年5月、三和銀行玉出支店と同大阪駅前支店の貸金庫に拳銃12丁と実弾75発を隠したとして生島組が摘発され、生島元組長も銃刀法違反容疑で指名手配される事件が起きた。

「そもそもその事件は、一部組幹部の造反によるもので、なんでも生島組長に10億の借金を断られたことへの腹いせで、チャカを持って大阪府警に自首して出たことが始まり言うこっちゃ。その組幹部は、昭和50年ごろ、大阪のホテルで38口径の拳銃30丁と実弾6百発を買い込んだと供述しとるわけやな。その結果、組事務所が銃刀法違反容疑で捜索され、貸金庫の一件がバレてしもたんや」(事情通)

指名手配された生島元組長はずっと行方をくらませ、銃刀法違反の時効の7年間を逃げきったのだった。

逃亡中、整形手術で人相を変えているとか、カナダへ渡って暮らしているという噂も流れたという。が、すでにその一件は平成2年に時効となり、生島元組長は大阪へ戻っていたわけだ。

犯人は山健組傘下の組員。長年にわたる因縁の末——

生島元組長が撃たれるや、すぐに拳銃で反撃に出たボディーガード役の男も、38歳の元生島組組員であることが判明した。

また、その生島組元組員に射殺されたヒットマンの身元もわかり、山口組系山健組傘下、四次団体の29歳の組員であった。つまり、元極道の生島元組長は現役の極道に射殺されたわけである。

生島元組長は現役時代と同様に債権取り立て、会社整理、金融業を手広く営んでいたといわれる。それがヤクザ相手の金融であるとか、地上げに関係していたとの噂もあって、バブル崩壊後は組関係者とのトラブルが絶えなかったとの話も伝わっている。

そのため、この大阪駅前事件も、金融の貸し借りや不動産売買などをめぐる組織とのトラブルではないか——というのが、大阪府警の見方だった。

ところが、返り討ちにあったヒットマンの所属する山口組の四次団体とかつての生島組とは、ある因縁があったという。

この四次団体の先代会長を、13年前の昭和58年10月、当時の生島組組員が伊丹空港で襲撃しているのだ。しかも、そのヒットマンこそ、今回の事件で生島元組長のガード役をしていた元組員であったという。

先代会長は3発の銃弾を撃ち込まれながら、車の窓が防弾ガラスだったため、このときは幸いに難を逃れた。

この空港襲撃事件は、生島組が崩壊寸前まで追い込まれる引き金となった内紛――造反組員による拳銃持参の自首事件に、その先代会長が関与していることが判明したためとされる。

さらにこの伊丹空港事件の翌59年9月2日、先代会長は大阪・ミナミの路上で何者かに狙撃され、首などに3発被弾した。一時は重体となりながら一命を取り留めたものの、先代会長は4年後にその傷が原因で死去したという。その狙撃事件もついに犯人がわからずじまいだった。

「そうした双方の因縁がわかった時点でも、捜査員の見方は、まさか13年前の内紛に

からむ空港事件の仇討ちでもあるまい、いくらなんでも時間が経ち過ぎているだろう──というものでした」(取材記者)

ところが、9月3日に曽根崎署に自首してきたヒットマンのもう1人の組員(29歳)が、取り調べに対して、

「先代会長の仇討ちをしたら、組内で出世できると思った。郷里の群馬の中学で同級生だった相棒(返り討ちで射殺)と2人で、2ヶ月前から狙っていた」

と自供したという。2人のヒットマンは組織に加入してまだ2年しか経っていなかったという。

そうした点を考えても、十数年前の仇討ちをなぜいまになってすることになったのか、との疑問が捜査員の間に残ったのは否めなかったといわれる。

それにしても、さながらギャング映画のワンシーンのような、大阪駅前の通行人の目前で繰り広げられた凄まじい銃撃戦の果てに生島久次元組長は壮絶な死を遂げ、56年の波瀾の生涯を閉じたのだった。

No.35

弘田憲二【中野会副会長】

カーチェイスの果ての壮絶な最期

市街地でのカーチェイス、壮絶たる最期を迎える

その日——平成14年4月20日、中野会弘田憲二副会長は、知人の30代の女性を那覇空港へ迎えに行き、その女性の運転で市街へ向かって国道331号線を走っていた。空港から市内へ入る幹線道路でもある331号線は、普段でも交通量の多い道路で、その日も混んでいた。

まさか自分たちの車を追って空港から1台のオートバイがずっと後をつけてきていようとは、助手席の弘田副会長にも運転する女性にもまるでわからなかった。

弘田副会長を乗せた紺色メタリックのウィンダムが、信号待ちのため331号線の

山下交差点で停車したのは、午後2時20分であった。

　すると、それを見計らったかのように、後ろからつけていた黒の4百ccのオートバイが、スルスルとウィンダムに近づいてきた。と思う間もなく、オートバイを運転する黒のヘルメットの若い男が、いきなり助手席の弘田副会長に向けて拳銃を発砲。

「パーン、パーン！」と発砲音が炸裂し、銃弾は弘田副会長の胸部に命中した。

「キャー！」という運転女性の悲鳴。弘田副会長のシャツの胸は見る間に真っ赤に染まっていく。

　それでも彼女は、ぐったりとした弘田副会長を乗せたまま車を急発進させた。スピードをあげ、病院に急行しようとするのだが、折から道路が渋滞し、思うように進まない。

　彼女は顔面蒼白、必死でハンドルを握り、他の数台の車とぶつかりながらもウィンダムを駆った。

　その後を、片手に拳銃を握りしめた男が、オートバイで追跡する。

　国道332号線から58号線へ入ってからも、なお渋滞で混雑は変わらない。

「どいて！　道をあけて！」

彼女は絶叫し、タクシーやトラックに接触しながら走り続ける。なお執拗に追いかけるオートバイの男。

付近一帯は騒然となった。あちこちで鳴り響くクラクション。叫び声。車がぶつかる衝撃音が渦巻く。

約1キロにわたって白昼のカーチェイスが繰り広げられたのだ。

ウィンダムが東町の西武門病院前で停車すると、オートバイの男はすぐに追いついた。

オートバイを運転していた男は、助手席のグッタリした弘田副会長に拳銃を向けるや、

「誰か、助けてえ！」

と女性が叫ぶより早く、銃弾を打ちこんだ。

とどめを刺した男は、ブラジル製38口径回転式拳銃を現場に投げ捨てて逃走した。

弘田会長は胸などに3発の銃弾を受け、1発は貫通していた。車内に5発の銃弾が残されていた。

1時間後の午後3時25分、弘田副会長は搬送先の県立那覇病院で、内臓損傷による

失血多量で息を引きとった。享年54。壮絶な最期であった。

宅見組の執念、鳴り止まぬ銃声

翌日、市内の駐車場でオートバイと黒ヘルメットが発見された。オートバイは、2、3年前に沖縄本島南部で盗まれたものだった。

この中野会のナンバー2である弘田憲二副会長射殺事件は、

「平成9年8月に起きた五代目山口組宅見勝若頭射殺事件の報復ではないか」

というのが、関係筋の大方の見解だった。

平成9年8月に起きた中野会ヒットマンによる宅見勝若頭射殺事件後、中野会への報復攻撃が各地で続発するなかで、弘田副会長は中野太郎会長とともに、親分の仇討ちに燃える宅見組のターゲットの1人だったという。一部では「宅見事件の影の総指揮官」とも噂されていたのが、弘田副会長でもあったからだ。

実際、弘田副会長は的にかけられたこともあり、4年前の平成10年11月には、実家の法要で故郷の高知に帰った際、山口組系組員に待ち伏せされ、銃撃未遂に終わった事件もあった。

翌11年9月には、大阪市生野区の麻雀店で、弘田副会長に次ぐ中野会ナンバー3の山下重夫若頭が、二代目宅見組のヒットマンに射殺されるという事件が起きている。が、それ以降、中野会への報復攻撃はピタリと止んでいた。中野会が暴対法に基づく「指定暴力団」となったことの影響もあったのか、抗争は沈静化したと見られていた。

「山口組と中野会の間でケリがついていない以上、山口組にとって中野会長に次ぐ最大の報復ターゲットだった弘田副会長が、いつヒットマンに狙われてもおかしくないといえばそうだが、この時期になぜ起きたのか、わからん」

とは、大阪府警捜査関係筋の見方だった。

そして、事件から約3ヶ月後の7月30日、弘田副会長を襲撃したオートバイのヒットマンがついに逮捕された。

殺人と銃刀法違反の容疑で逮捕されたのは、大阪市に本拠を構える山口組直系の天野組（天野洋志穂組長）の24歳の組員であった。

天野組長は直参になる前は宅見組副会長だった親分で、宅見組一門といってよく、やはり大方の見解通り、弘田副会長射殺事件は宅見事件に対する報復であることが判明したのだった。

死を覚悟して誓った中野会長への忠誠心

弘田憲二副会長は高知市朝倉の出身。地元の中学校を卒業後、〝朝倉グループ〟という不良グループを結成して、リーダーとなった。そのころから統率力はズバ抜けていて、同じような不良グループがいくつも存在するなかで、メキメキと頭角を現したという。

昭和45年ごろ、当時高知最大の組織だった山口組直系の中井組（中井啓一組長）に加入。中井組岡林組に属し、朝倉グループを中心に岡林組朝倉支部を結成した。

持ち前の向こう気の強さと行動力はすぐに中井組長の目に留まり、昭和51年には岡林組の若頭補佐兼若頭代行となり、53年に弘田組を結成。その後、中井組の直系に抜擢されると、間もなくして同組若頭となり、トントン拍子に出世した。

昭和59年6月、竹中四代目誕生で中井組長は一和会に参画し、「最高顧問」に就任。

中井組出身の山口組直系・豪友会と対峙するようになる。

60年1月、竹中四代目射殺事件に端を発する山一抗争で、当時の弘田若頭が陣頭指揮をとる中井組は、豪友会との間で流血の高知戦争を繰り広げ、有数の激戦地となった。当時、30代だった弘田若頭は武闘派の名をほしいままにしたのである。

昭和63年10月、中井組は一和会を脱退。その後、中井組長の引退に伴い中井組は解散した。

他の一和会系組織や組員が次々と山口組に復帰していくなかで、なかなか去就の定まらなかった弘田若頭に、手を差しのべたのが中野太郎会長だったといわれる。

平成4年ごろ、弘田若頭は中野会副会長に迎えられるのである。

中野会では中野会長の筆頭の側近として、

「中野会長が最も信頼を寄せているブレーンの1人」

とも評されていた。

平成9年8月、宅見事件が勃発し、その主謀者とされた中野会は山口組から絶縁処分を受けた。中野会傘下の組織や組員が次々と脱退していくなかで、弘田副会長は周囲の者に、

「この後、中野会がどうなっても、ワシは終生、親分についていく」

と話していたという。

その後、宅見事件の実行犯が次々と逮捕、指名手配されていくなかで、弘田副会長が姿を消したのは平成10年7月だった。宅見事件ヒットマンを指揮したとされる中野会幹部が韓国で変死した直後だった。

それから4年後の惨劇であった。

当時の組織関係者からは、

「弘田副会長が沖縄にいるらしいという噂は数年前からあった。いずれにしろ、山下重夫若頭に次いで、弘田副会長という中野会最高幹部2人のタマをあげたのだから、親分の仇討ちを使命として、ひたすらその遂行に執念を燃やしてきた宅見一門にすれば、極道としてその面目も保てたわけで、これによって、中野会に対する報復攻撃は終息に向かうのではないか」

との声も聞かれたものだった。そしてその後の状況も、この関係者の推測通りになっていく。

それにしても、弘田憲二副会長の生涯は、闘いに次ぐ闘いであり、激烈なものであった。

山一抗争のときには、最激戦区といわれた高知において、中井組若頭の立場で戦闘指揮官として豪友会との高知抗争を闘い、中野会にあってはナンバー2として壮絶な死を遂げるという、まさに極道の1つの典型としての生き様、死に様であったとはいえないだろうか。

No.36

町井久之【元東声会会長】

最後まで夢の達成に賭け闘い続けた〝猛牛〟

戦後裏面史を知る男、何も語らず静かに逝く

若い時分、〝猛牛《ファンソ》〟の異名をとった元東声会会長の町井久之が、世を去ったのは平成14年9月14日午前5時のことである。

マスコミがその死を報じたのは、1週間後のことで、このような記事が載った。

《右翼の故児玉誉士夫氏の側近として知られた東亜相互企業社長の町井久之氏が14日午前5時ごろ、東京都内の病院で心不全のため死去したことが21日、関係者の話でわかった。79歳だった。

葬儀・告別式は18日に東京都港区の自宅で近親者だけで行われた。

在日韓国人で、本名は鄭建永（チャン・コンヨン）。戦後、暴力団「東声会」をつくった。その後、実業界に転身し東亜相互企業の前身の「東亜友愛事業組合」を結成、日本と韓国を結ぶ関釜フェリーなどの事業を手掛けた。韓国の政界要人ともつながりが深かったほか、プロレスラー力道山（故人）と親しく、さまざまな支援をしたことで知られる》（「産経新聞」２００２年9月21日付大阪夕刊）

葬儀・告別式は親しい人たちだけ内々に行われたが、およそ4百人もの弔問客が六本木の町井邸を訪れたという。

町井は20年ほど前から心臓を患っていたのだが、この年——平成14年3月には、加えて糖尿病が悪化、腎不全まで併発した。

ただちに東京・築地の聖路加国際病院に入院。2週間後に退院するも、自宅寝室で伏せっている時間が多くなったという。

若い時分には、〝猛牛〟とも〝銀座の虎〟とも畏れられ、力道山と腕力を競っても負けなかったと言われる町井の肉体は日々痩せ細り、死の影が現れ始めていた。

町井は9月初め、再び倒れ、救急車で聖路加国際病院に運ばれた。すでに己の死期を悟っていたのか、町井はとても退院できる状態ではないのに、病状が少し落ち着くや、「家に帰る」と言い続けていたという。家族もついにはあきらめ、1週間後に帰宅させた。

再び発作を起こし、長年のかかりつけであった虎の門病院に運ばれたのは、それから1週間後のことであった。

その翌日、町井は永遠の眠りに就くのだが、いよいよ最期というとき、医師が夫人の保予さんに、

「奥さん、今度は前のように奇跡は起こりませんよ」

と声をかけたという。

医師が言うのは、18年前、町井が心肺停止となりながら、死の淵から生還したという奇跡のような出来事を指していた。

それは昭和59年6月11日のことで、町井は心筋梗塞で倒れたのだ。

広尾の日赤病院へ担ぎ込まれたときには、すでに心肺停止状態であったという。

「残念ですが、助かりません」

という医師に対して、若い衆が、

「先生、なんとか生き返らせてください」

と、一歩も引かぬ見幕で詰め寄って、強引に医師に蘇生措置を続けさせたのだった。

「ダメだ！　これ以上やると体がバラバラになってしまう！」

悲鳴にも似た声をあげる医師に、

「バラバラでもなんでもいいから、もう1回やってくれ！」

若い衆も叫ぶように懇願する。

そんなやりとりがあって、医師は必死に町井の動かぬ心臓にショックを与え続けた。

そうした医師の死にもの狂いの蘇生措置が功を奏し、町井の心臓は再び動き始めたという。

心肺停止からおよそ20分が経過していた。普通、3分以内に血流が再開し、酸素が供給されないとまず助からないと言われている。

「――奇跡だ……」

医師が唸るようにあげた感嘆の声が、すべてを物語っていた。

それから18年――。再び奇跡は起こらず、戦後裏面史をよく知る男――町井久之は、何も語らず、静かに息を引き取ったのだった。

東声会解散、そして東亜相互企業を設立

町井の訃報を伝える産経新聞の記事は、《暴力団「東声会」》と書いたが、この〝暴力団〟という呼称ほど町井の意に反することはなかったであろう。

町井が東声会を解散したのは昭和41年9月1日のことだが、その解散声明書にはこうある——。

《私は本日を期して東声会を解散することにいたしました。

解散する理由は端的に申して、東声会は真面目なる反共団体として発足し、且《かつ》その趣旨に沿って発展させたいと念願して居りましたが、世論ややもすれば、此種団体が暴力団体と謂《い》われ、社会に却って迷惑をかけることを恐れたのでいさぎよく解散したほうが良いと考えたからであります。

顧みますれば、終戦直後の混乱した社会情勢下にあって、跳梁する左翼勢力に対抗するには、東洋主義を信奉する侠義に富んだ若者を結集することが良いと考え相謀《はか》らい「東洋の声に耳を傾ける」という意味から「東声会」と命名し、会を結成いたした次

第であります。

爾来《じらい》10余年の間、私なりにその創立精神を体して会員の素質の向上と社会正義の為にいささか努力して参ったつもりであり、実際にも社会的に、国際的に、多少の貢献をいたしたものと、確信もいたします（後略）》

実はこの解散声明書は、解散する3年前の昭和38年4月には、すでに町井によって書きあげられていたという。

つまり、町井は警察庁の頂上作戦とは関係なしに、もう3年前から解散を考えていたということになる。では、それは何故かと言えば、東亜相互企業という実業を始めるためであった。

町井は昭和38年4月、資本金8億円で東亜相互企業（TSK）を設立。この会社は一種のコングロマリット（異業種共同体）で、傘下にクラブ、レストラン、バー、料亭といったレジャー部門、不動産、貿易などの商事部門を持つ堂々たる企業だった。

町井は東声会解散後も、福島・白河高原の250万坪にのぼる土地の買収計画をたててのリゾート構想、あるいはアメリカでの石油掘削事業、東京での宴会場、サウナ、フィットネスクラブなど日本で最高水準の施設を利用できる高級会員制クラブを運営する「TSK・CCC」構想など、飽くことなき事業欲を燃やし続けた。

一方で、児玉誉士夫の側近として日韓国交正常化交渉の水面下で暗躍、また韓国で軍事政権を誕生させた朴正煕《パクチョンヒ》大統領の厚い信頼を得て、日韓をまたぐフィクサーとして活躍した。

町井の日記に記された苦難の日々と衰えぬ闘争心

城内康伸・著『猛牛（ファンソ）と呼ばれた男――「東声会」町井久之の戦後史』（新潮社）によれば、町井は昭和58年10月から昭和60年2月までの日々を記した5冊のノート、昭和63年1月から平成7年末まで8年間にわたる各月ごとの書き込み用カレンダー九十数枚を残していたという。

これらの日記や日誌をつけていた時期というのは、昭和52年のロッキード事件（児玉誉士夫の失脚）やオイルショック、昭和54年の朴正煕大統領の暗殺事件を経て、壮大なスケールで手がけていた彼の事業がうまくいかなくなり、音を立てて崩壊に向かい出したころでもあった。と同時に、心臓病を患って体調を悪くし、自宅に籠もりっきりの日々が増えていた時期だった。

日記には、体調が回復せず、また事業も思うように好転しない日々の焦りやいらだちとともに、なお衰えぬ闘争心や向上心が溢れている。

《体調は日に日に悪く正念場である》

《体調がよくないところへ月末のことが気になって苛々がつのる》

《一喜一憂を繰り返している今日この頃である。根本的な悩みを解決するまでは小心翼々で結構である。が、局面が如何に厳しくとも解決策はあるもので、絶望することは人の犯す誤りの中で最大のものであると言える》

《自分の生命を打ちこむことのできる仕事をもっている者は幸福である。そこにいかなる苦難が押し寄せようとも絶えざる感謝と新しき力の元に生きて行くことができる。そしてその生命は仕事とともに不滅である》

《あまりにも山また山の難儀に心の乱れを意識することも屢々《しばしば》である。然し強くあらねば人生の敗者となるばかり》

《闘病も生存闘争に他ならない。すべては自信こそ勝利への道である》

《寝られない夜が続いて持病の糖尿も心配になる。然し必ず克服してみせる。あらゆ

る闘争に勝ち抜いてこそ男だ》
《夢は必ず壁を超える。夢見る年齢ではないが、明日から又、夢の達成に懸命の努力を続ける。最後まで》
最後の最後まで己を信じ、飽くなき闘争心を燃やし、生涯闘い続けた男が、町井久之であったといえよう。

No.37

工藤和義【六代目山口組最高顧問國粋会会長】

拳銃自決した東京初の山口組直参組長

平成19年2月15日深夜、六代目山口組最高顧問の國粋会《こくすい》工藤和義会長は、人生最後となる夜を自宅居間でたった1人で過ごしていた。

前夜遅くから家族も若い衆も誰も寄せ付けていなかった。住み慣れた東京・台東区橋場の自宅であった。

やがて工藤会長は2階居間のソファーに着座したまま、おもむろに32口径自動拳銃を手にした。弾は2発込めてあった。

もはや覚悟はとっくにできていた。洗濯したての下着、白のダボシャツ、白のズボンという死装束も身に着けていた。

頭に被る大きめのバッグを用意したのも、血が周囲に飛び散るのを防ぎたかったたからだ。あと始末をする者たちに、できるだけ厄介をかけたくなかった。

最後はサムライとして己にけじめをつけたかった。

工藤会長は大きく呼吸をすると、ゆっくりと32口径自動拳銃を、自分の右こめかみにあてがった。

人間は死にゆく直前、それまでの人生が走馬灯のように脳裏を駆けめぐるといわれるが、いったいいかなる思いが工藤会長の脳裏を去来したか、もとよりそれは本人にしかわからない。

10代で故郷の北海道・登別を離れて上京し博徒を志して以来、実に60年近く任侠の世界に生きてきた。自ら選んだ道とはいえ、激動に次ぐ激動、波瀾に富んだ人生だった。命を預けて悔いない兄貴分との出会いがあってこの渡世に入り、その後もすばらしい男たちとの忘れられない出会いがあり、縁があった。

そういえば、今夜、70歳という自分の誕生日を祝って、友人たちが誕生祝いをしてくれるという話だった。楽しみにしていたんだが、彼らには申しわけないことをしてしまったなあ。誕生祝いの日に最後のけじめをつけるっていうのも、オレらしくていいかも知れない。そう思ってもらおう。けど、ホントにいい友人たちに恵まれたなあ……。

――そんなもろもろの感慨が胸をよぎったかも知れない。いずれにしろ、それはほんのわずかな時間でもあったろう。

工藤会長はこめかみにあてがった拳銃の引き金を一気に引いた。「パーン！」という鈍い音が室内に響きわたった。が、誰もその音を耳にした者はいなかった。

「検死の結果、死亡時刻は深夜1時から午前8時の間と推定されている」（警視庁関係者）

第一発見者は、工藤会長宅の隣に住み、運転手を兼務する組員であった。午前8時ごろ、朝食を持って2階居間を訪れたところ、工藤会長がソファーの上で頭から血を流し、倒れているのを発見したのだった。

「警視庁の発表によると、工藤会長は、居間のソファーに仰向けにもたれかかった状態で、右の側頭部から左ほほにかけて弾が貫通し、血を流して死亡していたようです。胸の上に32口径の自動式拳銃があり、右手を添えて抱くような形になっていたといいます。外部から侵入した形跡もなく、自殺と見て間違いないとのことです」（社会部記者）

首都・東京を震撼させ、マスコミによって〝新東京戦争〟などと報じられた山口組と住吉会の抗争が終結して、ちょうど1週間後に起きた衝撃的な事件であった。

愚痴、言い訳を最も嫌う

〝新東京戦争〟が勃発したのは、2月5日白昼のこと。港区西麻布の路上に駐車中だったセンチュリーの後部座席にいた住吉会住吉一家小林会直井組の杉浦良一組長代行が、バイクで近づいた2人組のヒットマンに射殺されたのが発端だった。これをきっかけに、住吉会系組員による山口組系事務所などへの発砲事件が、計3件立て続けに発生した。

ついに、山口組VS住吉会という巨大組織同士の〝首都決戦〟に発展するのか——と事態が懸念され、東京は一気に緊張が走ったのだった。

ところが、6日のカチ込みを最後に、都内から銃声は聞こえなくなった。6日には水面下で、双方の抗争終結に向けた動きが活発化していたという。

そして早くも翌7日には、山口組最高幹部が上京し、住吉会の最高幹部との間で話しあいが持たれた。が、合意が得られず、翌8日に行なわれた再会談で「これ以上、抗争を拡げない」ことを確認しあって、話がついた。正式に手打ちが成立したのだった。

それから1週間後に起きた國粋会工藤和義会長の自裁であった。いったい工藤和義会長に何があったのか。直接的にせよ、間接的にせよ、この自裁と一連の〝新東京抗争〟との間に、因果関係はあったのか否か。

むろんそれは自裁した当人にしかわからぬことで、他人があれこれ忖度《そんたく》しても始まらないことには違いない。

「工藤会長は無口であまり多くを語らないタイプ。ただし、内に秘めた闘争心と責任感はやっぱり抜きん出ていた。事なかれ主義が大嫌いでね。本当に真面目な人だったよ」

「山口組の最高幹部という立場にある一方で、関東には、それこそ古くからいいつきあいをしてる親分がいっぱいいたわけですよ。だから、今度の抗争には誰よりも心を痛め、勃発から終結までの間、その心労は大変なものだったと思う」

という関東の組関係者の声も聞こえてくるのだが……。

工藤会長は平成3年3月、54歳の若さで、13年の長きにわたって続いた木村清吉会長のあとを引き継いで、國粋会四代目会長を継承した。

会長就任直前、ある民放テレビ局の取材に対して、

「シマというものは、自分たちの力でそうなったものではなく、先祖代々から受け継いだものです。絶対に体を賭けても縄張りは守らなければならない」

と答えている。覇気にあふれ〝攻め〟の姿勢に徹していた。

工藤会長は新会長に就任するや、ただちに大々的な組織改革に着手、執行部にこぞって若手を登用、同時に呼称をそれまでの「日本国粋会」から「國粋会」に改称したのだった。

その後、激烈な内部抗争など、紆余曲折を経て、平成17年9月、六代目山口組司忍組長から五厘下がりの舎弟盃を受けて、山口組の最高顧問となり、東京に初めての山口組直系組長が誕生したことはいまだ記憶に新しい。

「工藤会長は愚痴、言い訳の類を最も嫌った人でした。もし、間違い、失敗、予期せぬ結果が生じたときには、くどくど言い訳せず、潔くその責任を取れ、という考えですね」

とは、ある関係者の弁だった。

ともあれ、工藤会長の最期は、サムライの作法に則ったものであったのは確かなところであろう。

No.38

稲川聖城【稲川会総裁】

大和男《やまとおとこ》と生まれなば……「日本のドン」の大往生

入院先で肺炎のため逝去、93年の天寿を全うする

わが国の任俠界にあって、三代目山口組田岡一雄組長亡き後、長い間、〝日本のドン〟と畏敬されてきた稲川会稲川聖城総裁が、入院先の病院で肺炎のため逝去したのは、平成19年12月22日午後4時10分のことである。享年93だった。

稲川総裁は少し前から体調を崩して都内の大学病院に入院していたのだが、高齢ということもあって、ついに還らぬ人となったのである。

その通夜・告別式は、12月26日、27日の両日、横浜市内にある稲川会館で稲川会会葬として営まれ、全国から名だたる親分衆が参列した。

会場となった稲川会館の敷地内駐車場は、白い大型テントですっぽり覆われ、2百脚ほどの関係者待機用の椅子が用意された。

花で作られた富士山の前に遺影が鎮座する見事な祭壇は、会場2階大広間と駐車場敷地内の2ヶ所に設置され、場内のスピーカーからは、総裁をモデルにした東映映画「修羅の群れ」の主題歌「神奈川水滸伝」が流された。総裁を野辺送りする歌としては、これ以上にふさわしい曲はなかったであろう。

通夜は午後4時に開始となり、まず司会進行で本葬儀執行副委員長の稲川会内堀和也理事長補佐による導師の紹介があった。

続いて、稲川会を代表して本葬儀執行委員長である清田次郎理事長が挨拶に立ち、

「総裁におかれましては、過日、体調を崩され入院されたと聞いておりましたときには、思いもよらぬことに、にわかには信じることができませんでした。元来、ご壮健なお方で、百歳を超えてもお過しくださるものと誰もが信じ、思いこんでおりました」

と痛惜の思いを語った。

実際、総裁子飼いの主だった大幹部たち――たとえば、稲川隆匡、趙春樹、林喜一郎、長谷川春治、森田祥生、和田永吉、山川修身、森泉人といった親分衆は、生前か

らかねがね、

「オレたちより総裁のほうが長生きするのは間違いないだろうから、総裁には自分たちの葬儀委員長をつとめてもらおう」

と真顔で言っていたというが、その言葉通りになっていることを考えれば、総裁がいかに頑強で、百歳を超えてもなお健在であろうと皆が信じて疑わなかったとしても無理はない。

なにしろ、80を超えても、そこいらの若者顔負けの元気さを誇り、ゴルフばかりか、若い時分から慣れ親しんだ熱海の海へのダイビングや素潜りなども朝メシ前であったという。そうしたタフネスが強烈な印象としてあっただけに、その死は誰にも信じられなかったわけである。

とはいえ、もとより93歳という年齢は、ヤクザ渡世にあっては稀有といっていいほどの長寿であり、大往生であった。

清田理事長に続いて挨拶に立ったのは杉浦昌宏会長補佐で、杉浦会長補佐は総裁の遺影を前に、「歩兵の本領」をうたいあげた。

万朶《ばんだ》の桜か襟の色

花は吉野に嵐吹く

大和男《やまとおとこ》と生まれなば

散兵戦の花と散れ

この献歌で、日露戦争に勝利した大日本帝国最強の時代に生を受けた稲川総裁の一生を賞賛した。

「天皇のお膝元では騒ぎを起こさぬようにと、絶えず私どもに注意なされ、暴対法の折りには、『おまえたちが悪いから、こんな法ができるのだ』と注意され、古来のかくあるべき任俠道を説かれ、われわれに我慢の教えを残されました。総裁、ありがとうございました」

と、生前の総裁の教えに、深く感謝の念を示した。

杉浦会長補佐の挨拶が終わると、導師らの読経が朗々として流れ始めた。

厳粛な雰囲気のなか、稲川会角田吉男会長が最初に焼香に立ち、清田理事長、本葬儀特別顧問である杉浦会長補佐、金澤伸幸会長補佐、和田嘉雄顧問と続いた。

続いて、親戚総代、来賓者の名が読みあげられ、全国から駆けつけた各組織の名だたるトップ親分衆（一部代理）が、次々と焼香に立った。

その後、稲川会最高幹部らが焼香を行い、続いて参列各団体幹部が焼香。最後に本葬儀準備委員長の稲川会水野四郎慶弔委員長が焼香し、通夜は滞りなく終了した。

四代目跡目問題で示した「任俠界の巨人」の存在感

翌27日の告別式は、見事なまでに晴れわたったなか行われ親族や一般会葬者の他、有名作家やタレントなど大勢の参列者があった。そのなかには、元安藤組組長で映画プロデューサーの安藤昇氏の姿も見られた。

総裁の棺は11人の直参の手で霊柩車に収められ、午後1時16分、荼毘に付されるため斎場へと出棺された。

稲川聖城総裁の戒名は「丞紘院殿義鳳角頌大居士」という、いかにも「任俠界の巨人」にふさわしいものだった。

関東の古参組長がこう言う。

「まさに巨星墜つ。これで本当に1つの時代が終わったという感じがしますね。稲川総裁を評して、よその組織の方が、『もうこんな親分出んわ』と感嘆の声をあげたという話を聞いたことがありますが、まったくその通りで、〃最後の大侠客〃と呼ぶにふさわしい親分だったんじゃないんですか。存在されているだけで、任侠界にビシッと一本シンが通るような方で、稲川会四代目を巡っての跡目問題が起きたときも、総裁の存在がどれだけ大きかったか――ということですよね。最後の最後まで、任侠界のために貢献された大親分といっていいんじゃないでしょうか」

ここでいう「稲川会四代目を巡っての跡目問題」というのは、平成17年5月29日、稲川裕紘三代目会長が都内の病院で急逝したことに端を発する。

平成18年5月には一周忌法要が盛大に催され、1年の喪が明けたことで、後継者の調整が最終段階に入ったとされていた。

ところが、2ヶ月後の7月19日、横浜の稲川会二代目山川一家池田組事務所と熱海の稲川会本家のそれぞれで、同時に稲川会の跡目を継承する襲名式が行われるという前代未聞の事態が生じた。

横浜で稲川会特別顧問の角田吉男四代目会長、熱海で稲川会本部長の稲川英希五代目会長が誕生したのである。

だが、稲川会創始者である稲川総裁が「承認」として出席したのは、角田特別顧問の四代目継承式のほうであった。

その意味するところはきわめて大きく——というより、決定的といっていいほどの決め手となったのである。角田四代目の正統性を稲川会ばかりでなく、ヤクザ社会全体に示したことに他ならなかったからだ。

そのことは稲川総裁という親分がヤクザ界に占める位置がどれほどのものであったかを、証明してあまりあろう。

かくして、あわや分裂かと危惧されていた稲川会は、数日のうちに角田会長のもと、一本化される結果となり、改めてその鉄の結束を知らしめることになったのだ。

内部抗争に至る流血騒動などまるでなかったばかりか、拳銃発砲音も一切あがらなかったのはさすがというべきであろう。

稲川総裁の存在の重さを抜きにしては語れまい。

角田四代目継承式に臨席した稲川総裁の晴れやかな笑顔は、ひときわ印象的であった。

稲川総裁が永遠の眠りに就いたのは、この継承式から1年半後のことである。あたかも角田四代目誕生を見届けて安心したかのように、任侠界の巨人は大往生をとげたのだった。

No.39

溝下秀男【三代目工藤會会長】

ヤクザ界のスーパースター
早過ぎるが見事に完結した人生

九州にその人ありと知られた四代目工藤會の溝下秀男名誉顧問が、肝臓病を遠因とする呼吸器不全のために世を去ったのは、平成20年7月1日午後12時18分のことだった。享年62。惜しみてあまりある早過ぎる死であった。

「九州ヤクザ界ばかりか、全国にその名を知られたカリスマ親分で、まさにヤクザ界のスーパースターともいえる存在でした。器量、力量、手腕、識見、統率力、指導力、先見性……あらゆる面において傑出した親分じゃなかったでしょうか」

とは、関東の渡世関係筋の弁だ。

現代へと続く工藤會の歴史と伝統

溝下名誉顧問は昭和21年、福岡県嘉穂郡に生まれ、両親との縁は薄く、3歳のときに養子に出された先が溝下家で、それから数えきれぬほどの家に預けられて育ったという。

極貧のなかで大変な苦労を味わいながらも、16歳という若さで塗装会社を設立、40人もの従業員を抱えるなど商才を発揮する一方で、19歳から愚連隊を率いて大暴れしていた。

そんな溝下名誉顧問が草野一家草野高明総長（二代目工藤会会長）と出会うのは、昭和41年、20歳のときだった。愚連隊生活を送っていた溝下青年が初めて警察沙汰になる事件を起こし、留置場で〝柴川事件〟で勾留中の草野二代目と運命的な出会いをするのだ。

柴川事件というのは、昭和38年11月、初代工藤玄治会長が興した工藤會の源流ともいえる工藤組と、九州侵攻を展開していた三代目山口組とが衝突、幹部を殺害された報復で、工藤組が山口組系組員二人を殺害して柴川に投げ捨てた事件を指す。

この事件で工藤組の若頭だった草野高明は殺人教唆で10年の刑を受け投獄の身となる。未決勾留中の昭和41年、草野は親分の工藤玄治に累が及ぶのを避けるため、親分に相談せず、「工藤組脱退、草野組解散」を声明。これによって双方に深い溝ができたと言われる。

昭和52年、草野二代目は出所したが、工藤会（工藤組を改称していた）からの出迎えはなかった。出迎えたのは、かつて敵対した山口組であった。いかに草野を感激させたかは想像に難くなく、それが縁で両者の関係がグンと深まっていったとしても何ら不思議ではない。

出所後の同年10月、その人柄を慕って集まってきた若い者を束ねて、「草野一家」を結成し、草野は自ら総長となって渡世に復帰した。

一方、溝下秀男は昭和45年に24歳で溝下組を結成、翌年には極政会に改組している。その名の由来は、「政界に出たかったから」とも伝わっている。

その後、昭和54年に32歳で極政会を率いて草野高明総長の盃を受け、草野一家入りをした。

草野一家を旗揚げした草野総長は、2年後の昭和54年12月、福岡の山口組直参の伊豆健児組長と兄弟盃を交わし、山口組との親密度を高めた。この盃の席には、工藤会の工藤玄治会長も出席していた。

ところが、盃の2日後、草野一家極政会の組員2人が工藤会系組長を射殺するという事件が起き、以後、双方の間で数次にわたり抗争事件が繰り広げられた。昭和56年2月には、小倉の繁華街の路上で、草野一家若頭と工藤会理事長という双方のナンバー2同士が、それぞれ5人の若い衆を連れて遭遇。激しい銃撃戦となり、両者が相撃ちの形で死亡するという悲惨な事態を招いた。

この衝撃の「堺町事件」で両組織の全面衝突は避けられないと見られたが、この緊迫の事態を憂慮し、〝時の氏神〟となったのが、当時の稲川会稲川聖城会長であった。

稲川会長の仲裁によって、事件から3週間後、急転直下、和解・手打ちとなったのだった。これをきっかけに、工藤玄治会長と草野高明総長は以前にも増して親密な関係となり、双方の組織もまた友好関係を深めていった。

そして世間をアッと驚かせたのは、昭和62年6月のことだった。双方の組織が合併し、工藤連合草野一家が発足。工藤玄治総裁、草野高明総長、溝下秀男若頭、野村悟本部長という布陣で、九州最大の組織力を擁する独立団体が誕生したのである。

それは到底修復不可能とさえ見られたかつての両者の冷えきった関係、不幸な歴史を考えたら、奇蹟といってもいい出来事であったろう。その裏には一本化に向けた溝下名誉顧問や野村四代目の並々ならぬ情熱や尽力があったのはいうまでもあるまい。

平成2年には、工藤名誉総裁、草野総裁、溝下秀男総長の二代目工藤連合草野一家が発足し、溝下二代目体制へと移行した。平成3年には草野総裁が死去。そして平成11年1月には、画期的な「故草野高明儀工藤会二代目継承法要式典」が執り行われた。

これは、故人となった草野高明前総長を、改めて工藤玄治初代の継承者として工藤会二代目とする――という趣旨の法要であった。同時に、工藤連合草野一家二代目溝下秀男総長は工藤會三代目を継承するというもので、これを以って二代目工藤連合草野一家は、三代目工藤會と改まったのである。

翌12年1月には、溝下三代目が総裁に就任し、野村悟若頭の四代目継承が行われ、野村会長の四代目体制が発足した。平成18年2月、溝下総裁が総裁職を辞して「名誉顧問」に就任、その地盤と団結力はますます強固となったのだった。

まさにそれから2年後の溝下名誉顧問の逝去であった。

不世出の逸材。偉大なる任俠人

「任俠界は輝ける大きな星を失った……」

として、週刊誌で追悼の辞を述べたのは、溝下三代目と公私ともに交流のあった住吉会の長久保征夫理事長だった――。

「(訃報を聞いて)ガクッときた、というのが正直な感想だった。溝下先代と最後にお会いしたのは、今年(平成20年)の2月か3月のことだったと思う。病院ではなく、ある所でお茶を飲みながら1時間ほど話をさせてもらった。

亡くなる3日前に電話をしたとき、上高謙一秘書室長が言いにくそうに『いまは電話に出られない』というような応対をした。その時、一抹の不安はよぎったが……。

私は、若いころから寄せ場でもたくさんのヤクザを見てきたが、先代はすべてにおいて本物のヤクザだった。7歳ほど私のほうが年上なのだが、大きな存在感で輝いていた。

任俠を貫き、豪腕ながらきめ細かい配慮があり、多趣味で茶目っ気のある人柄で知られていた。文字通り不世出の逸材だった」

大のマスコミ嫌いで知られる長久保理事長が、このような週刊誌の取材に応じることなどかつてなかったことであり、異例中の異例といっていい。では、なぜ応じたのか。インタビュアーの作家・宮崎学氏との縁もあったのかも知れないが、理事長自身、こう述べている。

「追悼文の依頼を受けたとき、私は非常に迷った。しかし、極道界の歴史に残る侠の生き様を、何らかの形で残したいと考え、今回の取材を受けることにした」

この一事を以ってしても、溝下三代目という親分がどのような人物であったのか、その一端が窺えよう。

溝下三代目が、

「私の仕上げることは、大体40歳になった時点で終わっとる。あと私がするのは、自分の後継者を作ってバトンを渡すこと」

と述べたのは総裁職に就いた後のことであったというが、実際、工藤会と草野一家の一本化、三代目工藤會の発足、四代目への禅譲——等々、人のなしえない大仕事を次々とやってのけてきたのが溝下秀男という親分で、地位や役職に恋々としがみつくようなリーダーではなかった。

溝下三代目は、そうしたヤクザ渡世のリーダーとして傑出した手腕ばかりではなく、多趣味、多才であることでも知られ、書や絵画、写真、ゴルフ、スキー、テニス、ボート、ハンティングなど、どれをとっても玄人はだしの腕前であったという。

消息通によれば、

「オートスポーツをやりだしたのもブームとなる以前で、単車でアフリカを縦断してます。世界53ヶ国をまわってる過程のことでね、バイクでサバンナを45時間、護送ジープと一緒だったそうですが、現地人と行動を共にして砂漠で一緒に寝てたりしてるんです。

同じころ、ハンティングにも熱中して、カナダで熊を撃ち、南米アマゾンではカヌーに乗ってライフルでワニを撃ったと聞いてます。また、東南アジアでは反政府軍のゲリラと一緒に野豚狩りをやってるんです。そして三代目が何よりも凝ったのが、ジェットスキー。市販されてるマシンを改造し、パワーアップさせて、インストラクターも乗りこなせないようなマシンに乗ってましたよ」

とのことで、いやはや、溝下三代目という人の多芸多才ぶり、徹底ぶりには驚かされるばかり。

「確かにいまの時代、62歳という年齢の死は早いでしょ。けど、人生の価値は長い短いじゃない。結局、生きてる間、どれだけのことをやったのか、どれだけ充実したものであったのかということに尽きると思うけど、その点、溝下三代目の場合、他の人の2倍3倍もの濃密な人生を送ったのは間違いない。御本人も何ら思い残すことはなかったと思うし、見事に完結した人生といえるんじゃないでしょうか」

とは溝下三代目と交流のあった雑誌関係者の弁だった。

No.40

山本集【元諏訪一家若頭補佐】

魂をキャンバスに叩きつけた元武闘派極道の壮絶人生

強靭さで生き抜いた数年にわたる闘病生活

平成23年12月17日付のスポーツ紙に、一人の男の訃報が載った――。

《1965年に奈良・智弁学園高校野球部の初代監督を務めた画家の山本集（やまもと・あつむ）氏が16日、膀胱癌のため死去した。71歳。（中略）

山本氏は大阪・浪商高野球部時代、後にプロ野球巨人などで活躍し3000本安打を達成した張本勲氏と同期。画家としては富士山を主題に描いたことで知られる》

また、山本氏は筋金入りの元極道としても知られ、27歳のときに大阪の諏訪一家系淡路会に入門、3年後の昭和45年には淡路会若頭に就任し、山本組組長を名のった。

後に諏訪一家の直系組長に直り、同若頭補佐に昇格、関西の武闘派として鳴らした。

平成元年10月に山本組を解散し、22年に及ぶ極道生活に別れを告げ、画家として再出発した。

ドスを絵筆に替えて、

「芸術は学歴やない、生き様や」

との思いをキャンバスに叩きつけた氏の絵は、心の奥底に熱い何かと勇気を感じさせてくれる〝魂の画家〟として、ファンも多く、高い評価を受けてきた。

極道時代に限らず、何事にもつねに全身全霊、死にもの狂いでぶつかってきたそれまでの半生同様、絵に対しても捨て身で取り組んだ山本氏の姿勢の賜であったろう。

そんな氏に膀胱癌が発見されたのは7年ほど前のことで、手術を受けたときにはすでにほうぼうに転移して末期症状、手の施しようもなかったという。

それから数年にわたる闘病生活が始まったのだが、氏は心身ともに奇蹟的な強靭さで生き抜いた。

人間・山本集に惚れて師として兄事し、晩年、最も親交の深かった実業家のK社長が、その最期をこう語る。

「ちょうど亡くなられる3日前は病院へ行く日だったんですが、山本先生は歩ける状態ではなく動けなかったんです。それで救急車を呼んだんですが、そのとき主治医から言われたのは、『1週間以内に会わす方がおったら会わしてあげてください』ということでした。

それでも先生は最後の最後まで弱々しいところは誰にも見せなかった。亡くなられたのは16日朝8時4分ですが、前の晩まで、先生はいつも通り『どやねん』とか冗談ばかり言って、自分のことより私らの体のことや仕事のことを心配してくれてましたね。しんどいとかつらいとはひと言も聞いたことがなかったですね。そらどれだけ苦しかったかと思うけど、見事に男として死にました。とことん男前に生き、男前で死んでいかはりましたね」

前述のように癌が発見されたときは手遅れの末期症状であり、本来ならとっくに死を迎えていてもおかしくないような状態であったようで、K社長が山本氏の逝去を東京の癌センターのY主治医に報告したところ、Y医師は、

「よくぞいままで頑張られましたね、普通の人なら保《も》たなかったでしょう。それほどひどい状態だったんですよ」

と打ちあけてくれたという。

山本氏自身、自分の症状は誰よりも把握していたと見え、東京へ治療へ行くたび、主治医に、

「あと何ヶ月やねん？　どれくらい保つんや？」

と冗談めかして訊くのがつねだったという。

本物の男か否かは土壇場の所作で決まる

山本組組長として、極道時代の山本集には数々の逸話が残っている。

極道渡世のつねで数々の修羅場を潜り抜け、死と直面し、あわやという場面で九死に一生を得たことも何度かあった。拳銃を突きつけられたことも再々で、額の真上の頭部に残るハゲ状の傷痕は、拳銃の弾丸がかすめていった跡だ。

極道は泣きを入れたら終いで、山本が初めて拳銃を突きつけられたときも、

「待ってくれ」

と言うより先に手で払ったことが幸いして間一髪で相手の撃った弾は的を外れ、助

かったのだという。

「待ってくれ」というのは泣きを入れることと同じで、それを言ったら極道失格。本物の男かそうでないかは土壇場の所作で決まる――というのが、山本の一貫して変わらぬ信条だった。

淡路会の若頭時代、若い衆が酒のうえでよその組と喧嘩となり相手の頭をカチ割ってしまい、話をつけるため山本が1人で相手事務所に乗りこんでいったことがあった。

相手は名にしおう武闘派、山本が事務所に入るや、すでに待ち構えていた30人ほどの連中に即囲まれ、両脇と後ろから拳銃を突きつけられた。が、山本は怯まず、

「責任もって話のできる人間はおらんのかい」

と聞いたが、誰も出てこない。その側では電話が頻々と鳴って、そのつど組員ごと細かく状況説明し、

「殺してしまいましょ」

などと言っている状況だった。

ここに至って、山本もいよいよ肚《はら》を括り、

「……殺しなはれ。ただし死にみやげにひとつだけ聞いてやっておくんなはれ。ワシ

はおはぎが一番好きなんや。殺されて解剖されて腹の中からおはぎが出てきたら、ここで食ったんやとみんな思うやろう。そないしたらみな、好きなおはぎ食って死んだんやから、若頭《かしら》もさぞ満足やった思ってくれるやろう」

と言い、おはぎをねだったという。

相手もさすがで、それに応えておはぎとお茶を用意し、山本がその〝最後のおはぎ〟を食べ終えるのを見て、

「1人で来た人間を殺すようなことをしたらうちの代紋に傷がつく」

と殺さずに帰したという。なんとも凄みのある話であろう。

山本にとって、極道社会に身を投じた最大の浪漫こそ、

「男になって、死に花を咲かせる」

ことであったのだ。

何より男にとって肝心なのは死に際であり死に様であり、いかに死ぬかであった。

山本の愛読書であった吉川英治の『新書太閤記』にも、

「さむらいの道、一生涯の草も実も、成るか成らぬかは、ただ死に際の一瞬にあること。生涯のつつしみも守りも研きも、もし、その死を過《あやま》てば、生涯の言行はすべて真

を失い、再び生きてその汚名を拭い直す事はできない」

とまさにそのことが謳ってあり、この「さむらいの道」こそ山本の考えるヤクザの道であり、男の道であったのだ。

傍目にも感動するほど仲のいい友人関係――

そんな山本にとって、いかに絵の道に邁進するためとはいえ、何より好きなヤクザの道を断念するのは断腸の思いがあったようだ。そしてきっぱりと足を洗ってカタギになる以上、極道時代の昔の仲間との交際を断ったのもけじめとして当然であったろう。

だが、ヤクザをやめても男をやめたわけではなく、極道社会のなかにも男として一生つきあっていきたい人間が存在するのも確かであった。そうした男たちと親交を結んだとて誰にとやかく言われる筋あいがあるだろうか。

かくて山本は心の通じあったヤクザとは、現役であっても友人として死ぬまで親交を結び、傍目にも羨まれるようないいつきあいを続けたのだった。

前出のK社長がこう述べる。

「山本先生は二代目東組副組長の二代目清勇会川口和秀会長、三代目俠道会池澤望会長、六代目山口組若頭補佐の四代目山健組井上邦雄組長の3人とはことのほかいいおつきあいをされてましたね。ホンマに見ていて感動するくらい最後まで仲のいい友人同士という関係でした。先生が亡くなられる10日ほど前、奈良の先生の御自宅で3人と食事会をなさってるんです。私も入れてもらってね。先生はわかっておられたんですね、もうこれが最後やということが……体力的にもすごくつらかったと思うんですが、とても楽しそうな顔されてたし、3人の親分たちも普段と違って、はしゃいだりなさって、そら楽しそうでした」

山本氏と最も古くからの友人が川口和秀会長で、今回、キャッツアイ冤罪事件で22年間も獄中生活を余儀なくされた川口会長に対して、氏は、

「川口会長が帰ってくるまでオレは死ねん」

と口癖のように言い続け、その帰りを待っていたという。普通の人ならとっくに死んでいてもおかしくない状態の山本氏を支えたのは、「川口会長の帰りを待つ」との強い思いであったようだ。

その念願が叶って、川口会長は山本氏が逝去するちょうど1年前の一昨年12月17日、22年ぶりに出所、2人はシャバでの再開を果たしたのだった。

「先生が入院されてからは川口会長もずっと病院へ来てくれて、亡くなる前夜には、山本先生の脚がむくんでひどかったのをずっとマッサージしはってくれたり、手の爪や足の爪もきれいに切っていただきましたね。谷本勲社長、張本勲氏を始め浪商時代の御友人といい、山本先生は良き御友人に恵まれて、本当に幸せな人生だったと思います」（K社長）

絵に対しても最後まで情熱を燃やし、筆を取りたがっていたという。

「絵を描いてる姿は近寄りがたい雰囲気がありました。恐ろしいほどの気迫いうんか、人間がまるで変わるんです。集中して汗を滝のようにかいて……あっ、これがプロかと思いましたもんね」（K社長）

山本集は男前の人生を貫いて、男前に死んでいったのである。戒名は、輝絵集潤居士であった。

ところが、次の瞬間、目を疑うような光景が展開していた。ゴールに飛び込んだのは、予定していた3―4ならぬ4―3であったからだ。

実はサインを受けた手下が、何を勘違いしたか、「右と左」を間違えてしまったのだった。10倍ほどになるはずの懐中はあっという間に無一文となった。

橋本は藤田夫妻を札幌市内の旅館に残し、金策に走りまわらざるを得なくなった。その前に、金策がうまくいかない場合のことを考えて、翌日9月26日の函館からの青函連絡船を予約、3人の名前を乗船名簿に記した。それが最も安上がりな帰京方法だったからである。

だが、旧知の札幌のテキヤの親分から5万円借りることができ、橋本は親分夫妻とともにその日のうちに千歳空港へ向かった。当時、札幌―羽田間の航空運賃は3千円であった。

こうして当日の羽田行きに乗ることができ、その夜、無事に羽田に着いたのである。そして3人が乗ろうと予約していた翌日の青函連絡船こそ、運命の洞爺丸であった。

橋本の金策がうまくいって3人は難を逃れたのだが、乗船名簿に載った3人の名前はそのままラジオから全国放送されてしまったというわけだった。

この作品は二〇〇九年九月から二〇一二年八月まで「実話マッドマックス」（コアマガジン）に掲載された「ヤクザの死に様」を再構成・加筆修整したものです。

GENTOSHA OUTLAW BUNKO

ヤクザの散《ち》り際《ぎわ》

歴《れき》史《し》に名《な》を刻《きざ》む40人《にん》

山平重樹《やまだいらしげき》

平成24年12月10日　初版発行

発行人――石原正康
編集人――永島賞二
発行所――株式会社幻冬舎
〒151-0051東京都渋谷区千駄ヶ谷4-9-7
電話　03(5411)6222(営業)
　　　03(5411)6211(編集)
振替00120-8-767643
印刷・製本―株式会社　光邦
装丁者――高橋雅之

幻冬舎アウトロー文庫

ISBN978-4-344-41967-4　C0195　O-31-20

幻冬舎ホームページアドレス　http://www.gentosha.co.jp/
この本に関するご意見・ご感想をメールでお寄せいただく場合は、
comment@gentosha.co.jpまで。